ČAROBNI ČAS: ULTIMATNA KUHARSKA KNJIGA TAMALE

100 receptov za obvladanje umetnosti priprave mehiškega tamaleja

BARNABY BARNES

Avtorski material ©2023

Vse pravice pridržane

Nobenega dela te knjige ni dovoljeno uporabljati ali prenašati v kakršni koli obliki ali na kakršen koli način brez ustreznega pisnega soglasja založnika in lastnika avtorskih pravic, razen kratkih citatov, uporabljenih v recenziji . Ta knjiga se ne sme obravnavati kot nadomestilo za zdravniški, pravni ali drug strokovni nasvet.

KAZALO

KAZALO 3
UVOD 6
OSNOVNI RECEPTI 7
   1. OSNOVNO TAMALE TESTO 8
   2. MASA ZA SLANE TAMALE 10
   3. MASA ZA SLADKE TAMALE 12
   4. MOLE OMAKA (ZA ČRNE TAMALE) 14
   5. GOBOVO TAMALE TESTO 16
REGIONALNE TAMALE 19
   6. OAXACAN PUMPKIN TAMALES 20
   7. PERUJSKI TAMALES (TAMALES PERUANOS) 23
   8. NIKARAGVE NACATAMALES 25
   9. OAXACAN MOLE TAMALES (TAMALES OAXAQUEÑOS) 27
   10. YUCATECAN PIBIL TAMALES (TAMALES PIBIL) 29
   11. GVATEMALSKI SLADKI TAMALES (TAMALITOS DE ELOTE) 31
   12. MEHIŠKI ZELENI ČILSKI TAMALES (TAMALES DE RAJAS) 33
   13. SALVADORSKI TAMALES DE ELOTE 35
   14. KOLUMBIJSKI TAMALES (TAMALES COLOMBIANOS) 37
   15. HONDURAŠKI TAMALES (TAMALES HONDUREÑOS) 39
   16. EKVADORSKI HUMITAS 41
GOVEDINA, JAGNJETINA IN SVINJINA TAMALES 43
   17. TAMALES S SVINJSKIM MESOM IN ČILI OMAKO 44
   18. TAMALES, POLNJEN S KUMINO, SVINJINO IN KROMPIRJEM 47
   19. MOMO'S TAMALES 49
   20. TAMALES PERUANOS/PERUJSKI TAMALES 52
   21. TAMALES IZ LOSOVEGA MESA 54
   22. CHORIZO TAMALES Z ZELENIM MOLOM 57
   23. SVINJSKI TAMALES S SARDONI IN ČIPOTI 59
   24. NOVI MEHIŠKI SVINJSKI TAMALES 62
   25. TAMALES RDEČE-ČILSKE SVINJINE 65
   26. TAMALES Z NAREZANIM MESOM 68
   27. NAREZANI SVINJSKI TAMALES 71
PERUTNINSKI TAMALES 74
   28. TAMALES ČASOVNE DEFORMACIJE 75
   29. TAMALES S PIŠČANCEM IN SALSA VERDE 78
   30. PIŠČANČJI TAMALES Z OMAKO IZ PAPRIKE IN BAZILIKE 81
   31. ZAČINJENI RAČJI TAMALES 84
   32. PANAMSKI TAMALES 86
   33. TAMALES S PIŠČANCEM IN KORUZO Z OMAKO POBLANO 89
ŽITNI TAMALES 91
   34. HUMMUS TAMALES 92
   35. SVEŽA KORUZA IN TAMALES RDEČE PAPRIKE 94
   36. TAMALES IZ KORUZE IN ČRNEGA FIŽOLA 96
   37. HUMUS TAMALES 99

38. Tamales iz fižola 101
39. Tamales brez mesa, polnjen z bulgurjem 103
40. Maya Corn & Bean Tamales 105
41. Tamale de Elote 107
42. Zelena koruza tamale 109
43. Nojev čili koruza tamale 111
44. Čilski začinjeni pire koruzni tamales 114
45. Succotash Tamales 116
46. Tamales iz sladkega fižola 118
47. Tamales s sladkim črnim rižem s Ha Gowom 121

VEGGIE TAMALES **124**
48. Tamale enolončnica iz zelene koruze 125
49. Zelje Tamales 127
50. Chilahuates (tamales, ovit v bananine liste) 129
51. Zeleni čilski tamales 131
52. Huminta Tamales 133
53. Pesto Tamales 135
54. Red Chile Tamale 137
55. Buče in lisičke tamales 139
56. Začinjeni gobji tamales 142
57. Tamales iz sladkega krompirja 145
58. Sloppy Joe Tamales 147
59. Squash 'n' arašidovo maslo Tamales 149
60. Tamales iz blitve z zeliščno omako Tomatillo 151
61. Tamales z vegetarijanskim chorizom 154
62. Čile Relleno Tamales 157
63. Čili Colorado Tamales (zeleni čili tamales) 160
64. Tamales iz črnega fižola in koruze 163
65. Tamales s špinačo in sirom 165
66. Sladki krompir in poblano tamales 167
67. Gobe in Salsa Verde Tamales 169

SLADICA TAMALES **171**
68. Tamales iz svežih malin s kremno omako 172
69. Tamales iz arašidovega masla in želeja 175
70. Pina Colada Tamales 177
71. Čokoladni in jagodni tamales 180
72. Ananas-kokos tamales 182
73. Tamales s cimetom in rozinami 184
74. Tamales iz manga in kokosove smetane 186
75. Jabolčni in karamelni tamales 188
76. Banana in Nutella Tamales 190
77. Tamales češnja-mandelj 192
78. Bučna začimba tamales 194
79. Tamales s kokosom in limeto 196
80. Tamales z borovnicami in limono 198

MORSKI SADEŽI TAMALES **200**

81. Tamales s kozicami in koruzo 201
82. Tamales iz jastoga in avokada 203
83. Rakovica in pečena rdeča paprika Tamales 205
84. Tamales z lososom in koprom 207
85. Tilapija in mango Salsa Tamales 209
86. Tamales iz pokrovače in koruzne juhe 211
87. Školjke v belem vinu tamales 213
88. Tuna in avokado Tamales 215
89. Tamales iz rakov in špinače 217
90. Tamales iz kamnitih kozic s kremo iz štirih paprik 219
91. Tamales sladke koruze in morske plošče 222

PRAZNIČNI TAMALES 224
92. Božični rdeči čili tamales 225
93. Zahvalni bučni tamales 227
94. Velikonočni sladki tamales 229
95. Silvestrski šampanjec tamales 231
96. Hanuka krompir in čebulni tamales 233
97. Valentinovo jagodno-čokoladni tamales 235
98. Četrti julij BBQ Jackfruit Tamales 237
99. Tamales iz buče in črnega fižola za noč čarovnic 239
100. Cinco de Mayo Margarita Tamales 241

ZAKLJUČEK 243

UVOD

Dobrodošli v izjemnem kulinaričnem svetu " ČAROBNI ČAS: ULTIMATNA KUHARSKA KNJIGA TAMALE", tapiserije, pretkane z živahnimi nitmi mehiške tradicije, kulinarične izdelave in čarobne privlačnosti mase. Na teh straneh se podajamo na potovanje, ki presega običajnost in se poglobimo v srce in dušo mehiškega izdelovanja tamaleja – oblike kulinarične umetnosti, ki se je vtkala v kulturno tkivo naroda. Zaprite oči in si zamislite živahne mehiške ulice, kjer ritmične zvoke živahnih tržnic spremlja mamljiva aroma mase, ki se meša z neštetimi slanimi nadevi. "ČAROBNI ČAS" je več kot le kuharska knjiga; je portal v bogato tapiserijo mehiške gastronomije, kjer je vsak tamale zgodba, vsak recept pa poklon generacijam spretnih rok, ki so izpopolnile to kulinarično obrt.

Ko odpremo vrata v ta očarljivi svet, je zrak napolnjen s pričakovanjem odkritja – odkritja prastarih tehnik, regionalnih odtenkov in skrivnosti, ki preproste sestavine spremenijo v gastronomske mojstrovine. Ne glede na to, ali ste izkušen domači kuhar ali začetnik v kuhinji, so te strani vabilo, da se podate na transformativno potovanje v srce mehiške kulinarične tradicije.

Vsak obrat strani ne razkrije le recepta, ampak pripoved – pripoved, ki povzema kulturni pomen, skupno veselje in čutni užitek, ki ga prinaša popolno izdelan tamale. "ČAROBNI ČAS" je vaš vodnik, ki ponuja vpogled v podrobnosti priprave mase, umetelno sestavljanje nadevov in veselje ob obvladovanju tega priljubljenega mehiškega kulinaričnega zaklada.

torej aroma mase popelje na živahne mehiške ulice, kjer so se generacije zbirale za mizami, da bi se prepustile čarovniji priprave tamale. Od brezčasnih klasik, ki so prestale preizkus časa, do inovativnih kreacij, ki premikajo meje tradicije, naj vaša kuhinja postane platno za umetnost in strast, ki definirata ultimativno izkušnjo tamale. Pridružite se nam na tej kulinarični odisejadi, kjer duh Mehike oživi v vsakem natančno izdelanem receptu. Naj bo vaše potovanje skozi "ČAROBNI ČAS" tako bogato in izpolnjujoče kot stoletna tradicija, ki jo slavi. ¡ Buen provecho !

OSNOVNI RECEPTI

1. Osnovno tamale testo

SESTAVINE:
- 3 funte sveže Masa ali 4 1/2 skodelice Masa Harina
- 4 do 5 skodelic toplega Caldo de Pollo (piščančje juhe) in po potrebi še več
- 1 funt masti
- 2½ žlici soli

NAVODILA:
a) Če uporabljate svežo maso, jo odstavite. Če uporabljate Masa Harina, jo postavite v veliko skledo in rekonstituirajte tako, da dodate 4 skodelice tople piščančje juhe. Stepajte z leseno žlico ali mešajte z rokami, dokler ne dobite trdega, gladkega testa, podobnega srednje voljnomu testu za kruh. Po potrebi dolijemo še malo juhe, vendar zmes ne sme biti rahla.

b) V veliki skledi z električnim mešalnikom na srednji hitrosti stepajte mast, dokler ni zelo puhasta in popolnoma prezračena, približno 3 minute. Če uporabljate roke, stepajte in stepajte mast s hitrimi prepogibnimi gibi, dokler ne postane svetla, nadaljujte, dokler ni puhasta in polna zraka, podobna strukturi masla, namazanega s kremo za rahlo torto.

c) Med mešanjem na srednji hitrosti masi dodajte Maso, pest za pestjo. Nehajte in po potrebi z gumijasto lopatico strgajte po stenah posode. Druga možnost je, da maso stepete z golo roko kot orodje za stepanje in zlaganje. Če zmes postane pretrda za stepanje, dodajte do 1 skodelico mlake piščančje ali svinjske juhe, po malem.

d) Ko je vsa Masa dodana, mora biti zmes zelo rahla in občutljiva, podobna teksturi glazure iz maslene kreme.

e) Stepite sol.

f) Testo tamale je zdaj pripravljeno, da ga namažemo na koruzne lupine, bananine liste ali druge ovoje in kuhamo na pari. Za naslednje korake sledite svojemu najljubšemu receptu tamale. Uživajte v domačih tamalejih!

2.Masa za slane tamale

SESTAVINE:
- ½ skodelice zelenjavne masti
- 2 skodelici Masa harina
- ½ čajne žličke soli
- ¾ skodelice zelenjavne juhe
- ¼ skodelice vode
- 1 čajna žlička pecilnega praška

NAVODILA:
a) V skledi za mešanje z električnim mešalnikom stepite zelenjavno mast, dokler ni puhasta.
b) V majhni skledi zmešajte maso harino in sol.
c) V ločeni skledi zmešamo zelenjavno osnovo in vodo.
d) Z električnim mešalnikom ali leseno žlico izmenično stepamo maso in osnovo. Dodamo ravno toliko jušne mešanice, da dobimo čvrsto testo.
e) Stepite pecilni prašek.
f) Zdaj je vaša masa za slane tamale pripravljena za uporabo v vaših najljubših receptih za slane tamale. Uživajte v pripravi in uživanju okusnih tamalejev!

3.Masa za sladke tamale

SESTAVINE:
- ½ skodelice pakiranega rjavega sladkorja
- ½ skodelice zelenjavne masti
- 2 skodelici Masa harina
- ½ čajne žličke soli
- ¾ skodelice sadnega soka; ali mleko ali sojino mleko
- 1 čajna žlička pecilnega praška

NAVODILA:
a) V skledi za mešanje zmešajte rjavi sladkor in zelenjavno mast.
b) V ločeni skledi zmešajte maso harino in sol.
c) Z električnim mešalnikom ali leseno žlico izmenično stepajte maso in sadni sok (ali mleko ali sojino mleko). Dodajte ravno toliko tekočine, da nastane čvrsto testo. Prilagodite gostoto tako, da po potrebi dodate več soka, mleka ali sojinega mleka.
d) Nazadnje vmešajte pecilni prašek.
e) Zdaj je vaša masa za sladke tamale pripravljena za uporabo v vaših najljubših receptih za sladke tamale. Uživajte v pripravi in uživanju v slastnih sladkih tamalejih!

4. Mole omaka (za črne tamale)

SESTAVINE:
- 2 žlici olivnega olja
- ⅔ skodelice rumene čebule, narezane na rezine
- 3 skodelice česna, mletega
- 1 žlica sezamovih semen, opečenih
- ¼ čajne žličke mletega cimeta
- ¼ čajne žličke mletih nageljnovih žbic
- ¼ čajne žličke koriandrovih semen, opečenih in zdrobljenih
- 3 žlice mletega čistega čilija Ancho v prahu
- 2 žlički svežega cilantra, sesekljanega
- 3 skodelice piščančje juhe
- 2 žlici gladkega arašidovega masla
- 2½ žlici paradižnikove paste
- 4 žlice zlatih rozin
- 1 unča nesladkane čokolade, sesekljane
- Sol in sveže mlet črni poper po okusu

NAVODILA:
a) V globoko ponev dodajte olje, čebulo, česen, sezam, cimet, nageljnove žbice, koriander, mleti čili in koriander. Na zmernem ognju pražimo toliko časa, da je zelenjava zelo mehka.
b) Prilijemo osnovo in med občasnim mešanjem delno pokrito dušimo 10 minut.
c) V kuhinjski robot, mešalnik ali s potopnim mešalnikom dodajte arašidovo maslo, paradižnikovo pasto, rozine in čokolado. Postopek do gladkega.
d) Omako vrnemo v ponev in pokrito dušimo. Po potrebi razredčite z dodatno zalogo.

5.Gobovo tamale testo

SESTAVINE:
ZA GOBOVI NADEV:
- 1 funt Gobe, drobno sesekljane
- 1 žlica nesoljenega masla
- ¼ skodelice težke smetane
- ¼ čajne žličke soli
- ¼ čajne žličke sveže mletega belega popra

ZA TESTO ZA MASO:
- 1¾ skodelice Masa harina
- 1¼ skodelice tople vode
- 10 žlic ohlajene zelenjavne masti
- 1½ čajne žličke soli
- 1 čajna žlička pecilnega praška
- ¼ skodelice ohlajene piščančje juhe

NAVODILA:
PRIPRAVITE GOBOVI NADEV:
a) Gobe prepražimo v veliki suhi ponvi na zmernem ognju, dokler ne spustijo tekočine.
b) Dodamo maslo in delno pokrito kuhamo še toliko časa, da tekočina skoraj izhlapi.
c) Dodajte smetano in nadaljujte s kuhanjem, dokler se tekočina ne zgosti in postane pasta (5 do 6 minut).
d) Odstavite z ognja, začinite s soljo in poprom ter dobro premešajte.
e) Zmešajte gobovo mešanico z masa testom v skledi za mešanje, dokler ni popolnoma združena.

PRIPRAVITE TESTO ZA MASA SECA TAMALE:
f) harino dajte v skledo električnega mešalnika, opremljenega z nastavkom za lopatico.
g) Pri nizki hitrosti stroja dodajte vročo vodo v počasnem in enakomernem curku, dokler testo ne oblikuje krogle.
h) Nadaljujte z mešanjem pri srednji hitrosti 5 minut, nato testo prenesite v čisto skledo in postavite v hladilnik za 1 uro.
i) Maso vrnite v posodo električnega mešalnika in stepajte 5 minut na visoki hitrosti.
j) Ko stroj deluje, počasi dodajajte mast, 2 žlici naenkrat. Nadaljujte z mešanjem približno 5 minut, dokler testo ni gladko in rahlo.

k) Medtem ko se testo meša, v majhni skledi za mešanje zmešajte sol, pecilni prašek in piščančjo osnovo.
l) Masi počasi dodajajte osnovno zmes v enakomernem toku in nadaljujte z mešanjem, dokler ni popolnoma združena.
m) Povečajte hitrost na visoko in mešajte še 5 minut.
n) Zdaj je gobovo testo tamale pripravljeno za pripravo okusnih tamalejev z gobovim nadevom. Uživajte!

REGIONALNI TAMALES

6.Oaxacan Pumpkin Tamales

SESTAVINE:
ZA KORUZNO TESTO:
- 1 recept za osnovno tamale testo
- 2 skodelici kuhane ali konzervirane pire buče ali zimske buče (če je vodena, jo rahlo odcedite)
- 1½ čajne žličke mletega pravega cejlonskega cimeta
- 3 unče Piloncillo, nariban ali zdrobljen, ali 1/2 skodelice trdno pakiranega temno rjavega sladkorja
- 1 čajna žlička soli ali po okusu

ZA FIŽOLEV NADEV:
- 2 žlički janeža
- 2 skodelici vode
- 2 do 2 1/2 skodelice kuhanega ali odcejenega črnega fižola v pločevinkah
- 2 do 3 čili Chipotle v pločevinkah
- 5 do 6 olupljenih strokov česna
- 2 žlici masti
- Sol, po okusu

ZA MONTAŽO:
- 1 funt bananinih listov (odmrznjenih, če so zamrznjeni)
- Dodatni bananini listi za zavezovanje

NAVODILA:
PRIPRAVITE BANANINE LISTE:
a) Bananine liste razgrnite in pazite, da jih po nepotrebnem ne razcepite.
b) Obrišite jih s čisto vlažno krpo.
c) S kuhinjskimi škarjami obrežite liste v 12 do 14 pravokotnikov približno 14 x 11 palcev.
d) Prihranite nekaj daljših odrezkov.
e) Posušite in postavite na stran.

PRIPRAVITE KORUZNO TESTO:
f) Testo položite v veliko skledo.
g) Dodamo bučo, cejlonski cimet, nariban piloncillo ali rjavi sladkor in sol.
h) Stepajte z električnim mešalnikom pri srednji hitrosti, dokler ni zelo rahla in puhasta, po potrebi strgajte po stenah posode.
i) Zmes mora biti lahka kot maslena krema.
j) Pripravite janežev poparek:

k) Janež kuhajte v vodi, dokler ne zmanjšate na polovico. Precedite in rezervirajte.

PRIPRAVITE FIŽOLEV NADEV:
l) Pasirajte fižol v mešalniku ali kuhinjskem robotu s čilijem, česnom in janeževim čajem.
m) V ponvi na močnem ognju segrejte mast ali rastlinsko olje.
n) Ko je zelo vroče, dodajte fižolov pire.
o) Zmanjšajte ogenj na srednjo in kuhajte, mešajte, da se ne sprime, dokler tekočina ne izhlapi.
p) Posolimo in ohladimo na sobno temperaturo.

SESTAVITE TAMALE:
q) položite 1 ali 2 pravokotnika bananinih listov.
r) Odtrgajte dolge, tanke trakove iz pridržanih obrezkov bananinih listov, ki jih uporabite kot vezice.
s) Na sredino lista položite veliko pest (⅔ do 1 skodelice) koruzne mešanice.
t) Razširite ga v oval približno 4 krat 3 centimetre in ½-palca debel.
u) Na sredino položite približno 1 zvrhano žlico fižolovega nadeva.
v) Desni in levi rob bananinega lista prepognite proti sredini, tako da se malo prekrivata, da prekrijete nadev.
w) Zgornji in spodnji rob zložite proti sredini, da dobite urejen, raven paket velikosti približno 4 krat 5 palcev.
x) Pritrdite tako, da zavežete s tankim trakom bananinega lista.

STEAM TAMALES:
y) Tamale položite ravno v soparnik, s šivi navzgor in jih po potrebi razporedite po plasteh.
z) Na vrh položite dodatne bananine liste, da boste lažje absorbirali paro.
aa) Kuhajte 1 uro nad vrelo vodo in po potrebi dolijte vročo vodo.
bb) Te buče tamale iz Oaxacane postrezite tople in uživajte v edinstvenih okusih!

7. perujski tamales (Tamales Peruanos)

SESTAVINE:
- 2 skodelici masa harina
- 1 skodelica piščančje ali zelenjavne juhe
- 1 skodelica narezanega kuhanega piščanca
- 1 skodelica aji amarillo pasta
- 1/2 skodelice narezanih črnih oliv
- 1/4 skodelice praženih arašidov, sesekljanih
- Bananini listi za zavijanje

NAVODILA:
a) Maso harino zmešajte z juho, da naredite testo.
b) Združite z naribanim piščancem, aji amarillo pasta, olive in arašidi.
c) Mešanico namažite na bananine liste in zložite v tamale.
d) Kuhajte na pari 1-1,5 ure.

8.Nikaragve Nacatamales

SESTAVINE:
- 2 skodelici masa harina
- 1 skodelica piščančje ali svinjske juhe
- 1 skodelica narezanega kuhanega piščanca ali svinjine
- 1 skodelica riža, kuhanega
- 1/2 skodelice narezanega krompirja
- 1/4 skodelice na kocke narezane paprike
- Bananini listi za zavijanje

NAVODILA:
a) Maso harino zmešajte z juho, da dobite testo.
b) Združite z naribanim mesom, kuhanim rižem, na kocke narezanim krompirjem in papriko.
c) Mešanico namažite na bananine liste in zložite v tamale.
d) Kuhajte na pari 1-1,5 ure.

9.Oaxacan Mole Tamales (Tamales Oaxaqueños)

SESTAVINE:
- 2 skodelici masa harina
- 1 skodelica piščančje ali zelenjavne juhe
- 1 skodelica narezanega kuhanega piščanca
- 1 skodelica mole omake (domače ali kupljene)
- Bananini listi za zavijanje

NAVODILA:
a)   Maso harino zmešajte z juho, da dobite testo.
b)   Maso namažemo na bananine liste, dodamo narezan piščanec in nanj prelijemo mole omako.
c)   Bananine liste zložite okoli nadeva, da oblikujete tamale.
d)   Kuhajte na pari 1-1,5 ure.

10. Yucatecan Pibil Tamales (Tamales Pibil)

SESTAVINE:
- 2 skodelici masa harina
- 1 skodelica achiote paste
- 1 skodelica narezane kuhane svinjine
- 1/2 skodelice pomarančnega soka
- Bananini listi za zavijanje

NAVODILA:
a) Zmešajte masa harino s pasto achiote in pomarančnim sokom, da naredite testo.
b) Maso namažemo na bananine liste, dodamo narezano svinjino in zavijemo v tamale.
c) Kuhajte na pari 1-1,5 ure.

11. Gvatemalski sladki tamalesi (Tamalitos de Elote)

SESTAVINE:
- 2 skodelici masa harina
- 1 skodelica svežih koruznih zrn
- 1/2 skodelice sladkorja
- 1/4 skodelice masla
- Rozine in cimet za nadev
- Bananini listi za zavijanje

NAVODILA:

a) Zmešajte koruzo, sladkor in maslo. Zmešajte z maso harino , da oblikujete testo.

b) Maso namažemo na bananine liste, dodamo rozine in cimet ter zložimo v tamale.

c) Kuhajte na pari 1 uro.

12. Mehiški zeleni čilski tamales (Tamales de Rajas)

SESTAVINE:
- 2 skodelici masa harina
- 1 skodelica pečene in narezane poblano paprike
- 1 skodelica queso fresco, zdrobljena
- 1/2 skodelice kisle smetane
- Koruzni ličji za zavijanje

NAVODILA:

a) Maso harino zmešajte z narezano papriko poblano , queso fresco in kislo smetano.

b) Maso namažemo na koruzne olupke , zložimo in zavežemo v tamale.

c) Kuhajte na pari 1 uro.

13. Salvadorski Tamales de Elote

SESTAVINE:
- 2 skodelici masa harina
- 1 skodelica sveže koruzne paste
- 1/2 skodelice sladkorja
- 1/4 skodelice masla
- Bananini listi za zavijanje

NAVODILA:
a) harino zmešajte s svežo koruzno pasto, sladkorjem in maslom, da oblikujete testo.
b) Maso namažemo na bananine liste, zložimo in zavežemo v tamale.
c) Kuhajte na pari 1 uro.

14.Kolumbijski tamales (Tamales Colombianos)

SESTAVINE:
- 2 skodelici masa harina
- 1 skodelica piščančje ali svinjske juhe
- 1 skodelica narezanega kuhanega piščanca ali svinjine
- 1 skodelica rumene koruzne moke
- 1/2 skodelice graha
- 1/2 skodelice narezanega korenja
- 1/4 skodelice sesekljanega svežega cilantra
- Bananini listi za zavijanje

NAVODILA:
a) Maso harino zmešajte z juho, da dobite testo.
b) Zmešajte z rumeno koruzno moko, naribanim mesom, grahom, korenčkom in koriandrom.
c) Mešanico namažite na bananine liste in zložite v tamale.
d) Kuhajte na pari 1-1,5 ure.

15.hondurađki tamales (Tamales Hondureños)

SESTAVINE:
- 2 skodelici masa harina
- 1 skodelica piščančje ali zelenjavne juhe
- 1 skodelica narezanega kuhanega piščanca
- 1 skodelica paradižnikove omake
- 1/2 skodelice zelene paprike, drobno sesekljane
- 1/4 skodelice zelenih oliv, narezanih
- Bananini listi za zavijanje

NAVODILA:
a) Maso harino zmešajte z juho, da naredite testo.
b) Združite z naribanim piščancem, paradižnikovo omako, papriko in olivami.
c) Mešanico namažite na bananine liste in zložite v tamale.
d) Kuhajte na pari 1-1,5 ure.

16.Ekvadorski Humitas

SESTAVINE:
- 2 skodelici masa harina
- 1 skodelica svežih koruznih zrn
- 1/2 skodelice naribanega sira (queso fresco)
- 1/4 skodelice masla
- 1 čajna žlička achiote v prahu
- Koruzni ličji za zavijanje

NAVODILA:
a) Zmešajte svežo koruzo z masa harino , sirom, maslom in prahom achiote .
b) Zmes namažemo na koruzne lupine in zložimo v tamale.
c) Kuhajte na pari 1 uro.

GOVEDINA, JAGNJETINA IN SVINJINA TAMALES

17. Tamales s svinjskim mesom in čili omako

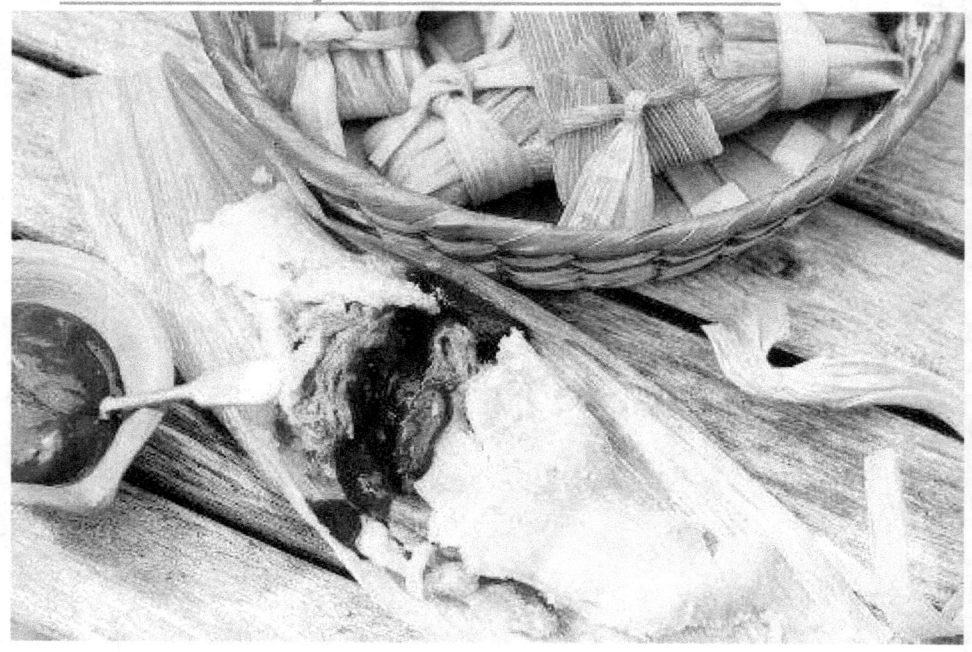

SESTAVINE:
- 3 paradižniki, grobo narezani
- 1 velika čebula, grobo sesekljana
- 5 strokov česna, grobo sesekljanih
- 1 žlica kuminovih semen, opečenih
- 1 čajna žlička posušenih čilijevih kosmičev
- 1,2 kg svinjskega trebuha
- 60 g celih posušenih čilijev , približno 5–6 velikih (uporabljam mešanico posušenih guajillo in mulato čiliji)
- sol in sveže mlet črni poper

za tamale
- 300 g mase harine
- 2 žlički pecilnega praška
- ½ čajne žličke fine soli
- 75 g masla, stopljenega
- 300 ml vroče piščančje ali zelenjavne juhe
- 15 suhih koruznih olupkov, čim širši, tem bolje

NAVODILA:
Pripravite čili omako:
a) V mešalniku zmešajte grobo narezan paradižnik, čebulo, česen, pražena semena kumine in posušene kosmiče čilija. Mešajte, dokler ne dobite gladke omake.
b) Svinjino začinite s soljo in poprom, nato pa jo postavite v velik lonec ali pečico. Svinjino prelijemo s čilijevo omako.
c) Mešanico zavrite, pokrijte in kuhajte nekaj ur, dokler se svinjina ne zmehča in jo je mogoče zlahka razstaviti z vilicami.

Pripravite svinjski **NADEV**:
d) Ko je svinjina kuhana in mehka, jo odstranite iz omake in razrežite z dvema vilicama.
e) Svinjsko meso odstavite na stran.

Pripravite koruzne lupine:
f) Suhe koruzne lupine namočite v vroči vodi za približno 30 minut, dokler ne postanejo prožne.

Pripravite **TAMALE TESTO:**
g) V veliki posodi za mešanje zmešajte masa harino , pecilni prašek, fino sol, stopljeno maslo in vročo piščančjo ali zelenjavno osnovo. Mešajte dokler ne dobite gladkega, rahlo lepljivega testa.

SESTAVITE TAMALE:
h) Vzamemo zmehčano koruzno lupino in nanjo po žlico razporedimo maso.
i) Na masa testo dodamo žlico vlečenega svinjskega nadeva.
j) Strani koruznega ličja prepognemo čez nadev in testo za maso, nato zavihamo spodnji del ličja. To ustvari zapečaten paket.
Kuhajte tamale na pari:
k) Tamale razporedite v soparnik, tako da jih postavite na prepognjene konce.
l) Tamale kuhajte na pari približno 1,5 do 2 uri ali dokler niso kuhani in se masa strdi.
m) Postrezite: Ko so pripravljeni, pustite, da se nekoliko ohladijo, nato odvijte in postrezite s čilijevo omako.

18.Tamales, polnjen s kumino, svinjino in krompirjem

SESTAVINE:
- 2 žlici olivnega olja
- 1 funt svinjske zadnjice, narezan na majhne kocke (1/2- do 3/4-inch)
- ½ skodelice sesekljane čebule
- 1 čajna žlička mletega česna
- ½ čajne žličke kajenskega popra
- 2 žlički kumine
- 1 čajna žlička soli
- ¾ skodelice sesekljanega paradižnika
- 1 ½ skodelice olupljenega 1-palčnega krompirja, narezanega na kocke
- 2 skodelici temeljca ali juhe
- 16 posušenih koruznih lupin, namakanih v vodi
- 1 recept za osnovno tamale testo (glejte opombo)
- 1 recept za zeleno salso (glejte opombo)

NAVODILA:
a) V srednje veliki ponvi segrejte olje, dokler ne postane valovito, dodajte svinjino in jo zapecite z vseh strani, približno 5 minut.
b) Dodajte čebulo, česen, kajenski poper, kumino in sol. Kuhajte 3 minute.
c) Dodajte paradižnik, krompir in osnovo. Zavremo, zmanjšamo ogenj in pustimo vreti 1 uro ali dokler meso ni zelo mehko. Tekočina se bo vpila, zmes pa bo rahlo "podušila". Če potrebujete več tekočine , dodajte malo naenkrat. Odstavimo z ognja in ohladimo.
d) Odstranite lupine iz vode in posušite s čisto brisačo.
e) Na sredino položite 2 žlici tamale testa. Razširite do ½ palca od širokega konca in do polovice proti koničastemu koncu.
f) Na sredino tamale damo 1 zvrhano žlico mesnega nadeva.
g) Strani lupine prepognite proti sredini, da se prekrivata. Koničasti konec zapognemo proti nadevu. Ponovite s preostalimi luščinami.
h) V veliko ponev z rešetko dajte 2 skodelici vode. Razporedite tamale na rešetko s stranjo s šivi navzdol. Pokrijte s folijo in nanjo pokrijte čisto brisačo, da ujamete odvečno vlago. Ponev pokrijte, vodo zavrite, ogenj zmanjšajte in kuhajte na pari 45 minut.
i) Postrezite z zeleno salso. Za serviranje olupite lupino in jo potopite.

19. Momo's Tamales

SESTAVINE:
- 30 koruznih olupkov, obrezanih

TAMALE POLNILO
- 1 funt govedine
- 1 funt svinjine
- 1 velika čebula
- 1 žlica soli
- 2 stroka česna
- 2 žlici čilija v prahu
- 3 žlice maščobe
- 2 žlici moke
- 5 skodelic juhe (iz kuhanega mesa)

MASA
- 2½ skodelice mase ali poparjene koruzne moke
- ½ skodelice maščobe
- 2 žlici čilija v prahu
- Sol, po okusu
- 1 skodelica mesne juhe

NAVODILA:
PRIPRAVITE LUŠČINE:
a) Obrežite manjši končni kvadrat in odstranite svile iz koruznih lusk.
b) Namakamo v vreli vodi 1 uro. Luščine morajo biti dolge 6 ali 7 palcev in široke 2½ palca ali več.

PRIPRAVITE MESO:
c) Meso, čebulo, česen in sol skuhajte v toliko vode, da meso pokrije, dokler ni zelo mehko.
d) Odcedite juho in prihranite. Meso pretlačimo skozi sekljalnik in začinimo s čilijem v prahu in dodamo sol po okusu. (Druga možnost je, da meso drobno nasekljate za drugačno konsistenco.)
e) V ponvi stopimo maščobo, dodamo moko in ob stalnem mešanju segrevamo toliko časa, da moka porjavi.
f) Dodamo mesno zmes in toliko juhe, da postane mesna zmes zelo gosta omaka. Kuhajte 15 minut.

PRIPRAVITE TESTO:
g) Maso poparimo s preostalo mesno juho. Če ni dovolj juhe, lahko uporabite vodo ali dodatno juho iz pločevinke.

h) Dodajte sol in čili v prahu, dokler masa ne postane rahlo rožnata. Temeljito premešajte.

PRIPRAVITE TAMALES:
i) Maso namažite na vsako lupino, začnite na vrhu in toliko, da se upognete. Namažite na poljubno gostoto.
j) Ko zgladimo maso na luščino, damo nekaj mesne zmesi na sredino in zvijemo kot cigareto.
k) Tamale kuhajte na pari 1½ do 2 uri v velikem loncu z dvignjeno rešetko, ki je dovolj visoka, da tamali ne pridejo v vodo.
l) Tamales je pripravljen , ko se lupina zlahka odlušči od mase, ne da bi se prijela.
m) Edinstven pridih lahko dodate tako, da približno ducat kuhanih tamalejev (2x6) zavijete in zavežete s trakovi koruznega ličja , nato pa jih za kakšno uro postavite v kadilnico. Za dodaten okus lahko uporabite tudi prekajeno meso namesto navadnega.

20.Tamales Peruanos /perujski tamales

SESTAVINE:
- 2 skodelici masa harina (koruzna moka)
- ½ skodelice rastlinskega olja
- 1 skodelica piščančje ali svinjske juhe
- 1 čajna žlička paste aji Amarillo (pasta perujskega rumenega čilija)
- ½ skodelice kuhanega in narezanega piščanca ali svinjine
- 2 kuhani jajci, narezani na rezine
- Narezane olive in rozine za nadev
- Bananini listi ali koruzni olupki za zavijanje

NAVODILA:
a) V veliki skledi zmešajte masa harino , rastlinsko olje, piščančjo ali svinjsko juho in pasto aji Amarillo. Mešajte dokler ne dobite gladkega testa.
b) Vzamemo bananin list ali koruzno lupino , nanj položimo žlico testa in ga razporedimo.
c) Na sredino testa dodamo rezino jajca, nekaj naribanega mesa, olive in rozine.
d) Zložite bananin list ali koruzno lupino , da zavijete tamale in ustvarite lično embalažo.
e) Tamale kuhajte na pari približno 45 minut do 1 ure, dokler niso kuhani in čvrsti.
f) Po želji tamale postrezite z dodatno salso criollo ali aji omako.

21.Tamales iz losovega mesa

SESTAVINE:
TESTO ZA ŠKOLJKE:
- ½ skodelice presejane moke
- ½ čajne žličke soli
- 2 jajci
- ⅔ skodelice mleka
- 1 žlica olja

POLNJENJE:
- 1 funt mletega losa
- 1 majhna čebula, sesekljana
- 1 žlica olja
- ¾ čajne žličke soli
- ½ skodelice sesekljanih oliv
- 1 bujonska kocka
- 1 skodelica vrele vode
- 1 žlica paprike
- 2 žlički čilija v prahu
- 3 žlice moke

DRUGI S:
- Maslo (za ščetkanje)
- Mleta čebula (za posipanje)
- Nariban sir (za posipanje)

NAVODILA:
a) Zmešamo presejano moko in sol. Jajca, mleko in olje stepemo skupaj. Dodamo polovico jajčne zmesi in mešamo, da ostanejo brez grudic. Dodamo preostalo mešanico in mešamo do gladkega.
b) Namastite 5-palčno ponev in segrejte, dokler ne zacvrči. Vlijte 1 žlico testa, ponev prevrnite, da bo lupina enakomerna in tanka. Kuhajte do zlate barve, nato obrnite in pecite še drugo stran. Lupino zvijte, ko jo odstranite iz ponve, in jo postavite na stran.
c) V ponvi na 1 žlici olja 10 minut pražimo sesekljano čebulo. Dodajte ¾ čajne žličke soli in ½ skodelice sesekljanih oliv. Raztopite 1 bujonsko kocko v 1 skodelici vrele vode in dodajte ½ skodelice mešanici čebule.
d) Papriko, čili v prahu in moko zmešajte s preostalim ½ skodelice juhe. To zmes vmešamo v mesno mešanico in kuhamo, dokler se ne zgosti.
e) Pripravljene školjke odvijemo in v vsako položimo žlico nadeva. Školjke ponovno zvijte in jih položite v pomaščeno stekleno posodo.
f) Tamale premažite z maslom in po vrhu potresite mleto čebulo in nariban sir.
g) Pečemo pri 350 stopinjah 25-30 minut. Po želji razredčite preostalo mesno mešanico in jo uporabite kot omako čez tamale.

22.Chorizo tamales z zelenim molom

SESTAVINE:
- 1 žlica olivnega olja
- 6 unč drobno sesekljane klobase chorizo
- ¾ skodelice mlete čebule
- 1 žlica sesekljanega česna
- 10 žlic zelenjavne masti (na sobni temperaturi)
- 1 ½ skodelice masa harina
- 1 skodelica koruznega zdroba
- 1 čajna žlička pecilnega praška
- ¼ čajne žličke kajenskega prahu
- ¼ čajne žličke mlete kumine
- ¼ čajne žličke črnega popra
- 2 žlički soli
- 1 skodelica piščančje juhe
- 14 koruznih lupin, namočenih v vodi 30 minut
- 1 recept Emerilova omaka Mole (glejte opombo)

NAVODILA:
a) V ponvi segrejemo olivno olje. Ko se olje segreje, dodajte chorizo in ga pražite 2 minuti. Dodajte čebulo in nadaljujte s praženjem 1 minuto. Odstavimo z ognja in dodamo česen. Začinimo s soljo in poprom.
b) V električnem mešalniku zmešajte mast, dokler ni rahla in puhasta.
c) V posodi za mešanje zmešajte vse suhe sestavine.
d) Postopoma vmešamo juho in oblikujemo mehko testo.
e) Z mešalnikom na srednji temperaturi počasi dodajajte mešanico testa v maso; zmes bo lepljiva.
f) Koruzno lupino odcedimo in osušimo. Odtrgajte 12 trakov širine 1/16 palca iz 2 luščin za vezanje tamalejev.
g) Postavite 2 luščini skupaj, tako da se velika konca prekrivata za 2 palca. Ponovite za preostale lupine.
h) Testo tamale enakomerno razdelite med luščine in ga razporedite po sredini, pri čemer pustite 1 cm na vsakem koncu nepokritega.
i) Na testo položimo chorizo mešanico in zvijemo koruzne olupke tako, da je nadev popolnoma zaprt.
j) Zasukajte in zavežite vsak konec z že odtrganimi 1/16-palčnimi trakovi.
k) Tamale kuhajte na sopari v zelenjavni košari, postavljeni v ponvi z vodo in pokriti s tesno prilegajočim pokrovom. Kuhajte na pari 30 do 35 minut. Tamaleji so gotovi, ko se testo odmakne od stranic.
l) Odstranite tamale in postrezite z omako Emeril's Mole.

23. Svinjski tamales s sardoni in čipoti

SESTAVINE:

- 3 veliki posušeni čiliji
- 2 žlici konzerviranih čipsov v adobo omaki, sesekljanih
- 3 pločevinke piščančje juhe z nizko vsebnostjo natrija
- 1 funt paradižnika, narezanega
- 1 velika čebula, sesekljana
- 7 velikih strokov česna, sesekljanih
- 2 žlički posušenega origana
- 1 čajna žlička semen kumine
- ½ čajne žličke mletih nageljnovih žbic
- 2 funta svinjskih reber brez kosti
- ½ skodelice masti ali koruznega olja
- 4 skodelice Masa harina
- 1 čajna žlička soli
- ½ čajne žličke pecilnega praška
- 2½ skodelice konzervirane piščančje juhe

NAVODILA:
PRIPRAVITE ČILIJEV PIRE:
a) Sidra operemo in posejemo . Postavite v vročo vodo za 5 minut.
b) dajte sidro , čips, piščančjo juho, paradižnik, čebulo, česen, origano, kumino in nageljnove žbice.
c) Pokrito dušimo približno 40 minut.
d) Delajte v serijah in zmešajte mešanico v mešalniku do gladkega.
e) Možna izdelava 2 dni vnaprej. Pokrijte in ohladite.

KUHAJ SVINJINO:
f) Velik lonec segrejte na srednje močnem ognju.
g) Svinjsko rebro brez kosti začinite s soljo in poprom.
h) Dodajte v lonec in kuhajte do rjave barve, občasno obrnite, približno 12 minut.
i) Svinjini dodajte 2 skodelici čilijevega pireja .
j) Pokrijte in dušite, dokler svinjina ni zelo mehka, približno 1-1 uro.
k) Ohladite, narežite svinjino in vrnite v lonec.
l) Solimo in popramo po okusu.
m) Lahko se pripravi 1 dan vnaprej. Pokrijte in ohladite.

PRIPRAVITE TESTO ZA MASO:
n) V veliki skledi stepajte mast, dokler ne postane rahla in puhasta, približno 3 minute.

o) Dodamo maso harino , sol in pecilni prašek. Stepajte, da se zmeša.
p) Segrejte piščančjo juho in jo postopoma dodajte zmesi za maso, stepajte, dokler ni gosta, približno 8 minut.
SESTAVITE IN PARITE TAMALES:
q) Operite in namočite koruzno lupino ; posušite.
r) Tamale napolnite z mešanico mase in narezano svinjino.
s) Tamale kuhajte na pari približno 1-1 uro.
t) Preostali čilijev pire ponovno segrejte na majhnem ognju.
u) Tamale postrezite s pogretim čilijevim pirejem.
v) Uživajte v svojih svinjskih tamalejih z anchos in Chipotles!

24.Novi mehiški svinjski tamales

SESTAVINE:
ZA POLNILO:
- 1½ funta svinjskega hrbta ali drugega mehkega, pustega kosa, brez maščobe
- 1 srednja bela čebula, sesekljana
- 2 skodelici vode
- 2 žlici olja Canola
- 2 stroka česna, mleto
- 1 žlica moke
- ½ skodelice posušenega mletega čilija (Chimayo, če je na voljo)
- ¾ čajne žličke soli
- ¼ čajne žličke kumine
- ⅛ čajne žličke origana
- 16 oz. pakiranje posušeni koruzni olupki

ZA MASO:
- 6 skodelic Masa Harina
- 2 skodelici olja
- 2 žlici soli
- 4½ skodelice vode ali več po potrebi

NAVODILA:
ZA POLNILO:
a) Pečico segrejte na 350 stopinj.
b) Svinjino in sesekljano čebulo položite v srednje velik pekač in pokrijte z vodo.
c) Pečemo približno 1 do ½ ure ali dokler meso zlahka ne razpade.
d) Odstranite svinjino iz juhe. Juho ohladite.
e) Ko se ohladi, meso raztrgajte z dvema vilicama ali rezilom za testo kuhinjskega robota.
f) Ko se maščoba strdi na površini, juho precedite. Če juha ne meri 2 skodelic, dodajte vodo, da dobite 2 skodelici tekočine.
g) V veliki ponvi segrejte olje, dodajte sesekljan česen in svinjino.
h) Po mešanici potresemo moko in neprestano mešamo približno minuto, ko začne moka rjaveti.
i) Dodajte mleti čili, juho in začimbe. Kuhajte na srednje nizkem ognju, dokler se ne zgosti in skoraj posuši, ob rednem mešanju približno 30 minut.
j) Odstranite z ognja.

ZA MASO:

k) Harina odmerite v veliko skledo.
l) Med mešanjem dodajamo vodo.
m) Dodamo olje in sol ter dobro premešamo. Uporabite žlico, močan mešalnik ali roke.
n) Ko je dobro premešano, mora imeti konsistenco vlažnega testa za piškote. Če se začne izsušiti, dodajte več vode. Po potrebi pokrijte z vlažno krpo.

MONTAŽA:
o) Pripravite koruzne olupke tako, da jih za 30 minut potopite v skledo ali pekač z vročo vodo.
p) Ločite lupine in jih sperite pod toplo tekočo vodo, da izperete pesek ali rjavo svilo. Do uporabe jih namočite v topli vodi.
q) S hrbtno stranjo žlice namažite maso na gladko stran luščine do približno ½" od stranskih robov, 1" od zgornjega roba in 2" od spodnjega roba.
r) Na sredino z žlico položite približno 2 žlici nadeva.
s) Luščino prevrnite tako, da masa prekrije nadev in se mora ločiti od luščine. Nato zvijte lupino in spodnji del zapognite spodaj.
t) Ponavljajte, dokler ne porabite vse mase in nadeva.
u) Tamale postavite ohlapno zapakirane v soparnik/blanšer/štedilnik za špagete ali pa jih položite plosko v križan vzorec, da lahko para učinkovito prodre.
v) Lonec pokrijte in kuhajte na pari približno 1 uro do 1-¼ ure ali dokler masa ni čvrsta in se zlahka odlepi od luščine.
w) Tamale postrezite tople. Naj vsak odstrani svoje lupine. Po želji jih lahko prelijemo z zeleno čili omako, chili con carne ali sirom in čebulo. Uživajte v novih mehiških svinjskih tamalejih!

25.Tamales rdeče-čilske svinjine

SESTAVINE:
TESTO:
- 2/3 skodelice sveže svinjske masti, ohlajene
- 1 čajna žlička pecilnega praška
- 1 čajna žlička soli
- 2 skodelici grobo mlete sveže mase ali 1 3/4 skodelice mase harine, pomešane z 1 skodelico in 2 žlicama vroče vode (ohlajene na sobno temperaturo)
- 2/3 skodelice piščančje, goveje ali zelenjavne juhe
- Ovoj:
- 4 unče posušenih koruznih lusk

POLNJENJE:
- 6 velikih posušenih novomehiških čilijev
- 2 stroka česna, drobno sesekljana
- 1/4 čajne žličke sveže mletega črnega popra
- 1/8 čajne žličke mlete kumine
- 12 unč pustega svinjskega plečeta brez kosti, narezanega na 1/2" kocke
- 1 čajna žlička soli

NAVODILA:
NAREDITE TESTO:
a) V skledi električnega mešalnika, opremljenega z nastavkom za lopatice, zmešajte mast, pecilni prašek in sol. Stepajte, dokler ni svetlo in puhasto.
b) Dodajte 1 skodelico mase in 1/3 skodelice temeljca; stepajte, dokler se temeljito ne premeša.
c) Dodajte preostalo maso in 1/3 skodelice zaloge; stepajte, dokler ni svetlo in puhasto, približno 2 minuti.
d) Testo hladite vsaj 1 uro.

NAREDITE OVOJE:
e) Koruzne olupke pripravite tako, da jih položite v globoko ponev in prelijete z vodo.
f) Ponev postavite na močan ogenj in zavrite. Prenesite lupine in vodo v toplotno odporno skledo. Na lupine postavite majhen krožnik in jih pustite potopljene. Namakamo 1 uro. Odstranite iz vode.

NAREDITE NADEV:
g) Čilijem odstranimo peclje, semena in narežemo na 4 dele.

h) V mešalniku zmešajte čili , česen, poper in kumino. Dodajte 1 1/2 skodelice vode in mešajte, dokler ne nastane gladek pire. Mešanico precedite v srednje veliko ponev.
i) Dodajte svinjino, 1 3/4 skodelice vode in sol. Kuhajte na zmernem ognju, dokler se tekočina ne zreducira v gosto omako in je meso zelo mehko (50 do 60 minut). Meso razdrobite z vilicami.

SESTAVITE TAMALE:
j) Testo tamale vrnite v mešalnik. Mešajte nekaj sekund, da se testo posvetli.
k) Dodajte 3 žlice omake in premešajte, da se združi. Prilagodite gostoto z nekaj žlicami piščančje juhe.

PRIPRAVITE KORUZNE LIČJE:
l) Odvijte eno veliko rekonstituirano koruzno lupino in natrgajte vzdolž zrna, da naredite 1/4-palčne široke trakove (dva na tamale).
m) Na delovno površino položite še en dolg kos, s koničastim koncem stran od sebe.
n) Zajemajte 1/4 skodelice testa na sredino enega konca lupine. Razširite v 4-palčni kvadrat, pri čemer pustite robove na straneh.
o) Na sredino z žlico položite 2 žlici nadeva.
p) Dolge stranice združite skupaj, da oblikujete valj, pri čemer pazite, da testo objame nadev.
q) Koničasti konec zložite spodaj in ohlapno zavežite s trakom luščine. Ploski konec zložite spodaj in zavežite.

Kuhajte tamale na pari:
r) Parnik nastavite na močan ogenj. Ko začne izhajati para, zmanjšajte toploto na srednje.
s) Kuhajte na pari 1 uro in 15 minut, po potrebi dodajte več vode.
t) Odvijte tamale. Če se testo sprosti iz ovoja in je na otip mehko, je pripravljeno. Če se prime, ponovno zavijte in kuhajte na pari dodatnih 15 do 20 minut.
u) Odstavite z ognja in pustite stati 15 minut, da se masa strdi.
v) Postrezite s pečeno salso Tomatillo-Chipotle.
w) Uživajte v tamalejih Red-Chile Pork!

26. Tamales z naribanim mesom

SESTAVINE:
- 32 koruznih lupin

MASA:
- 1 skodelica masti
- 1 čajna žlička čilija v prahu

POLNJENJE:
- 1 srednja čebula, sesekljana
- 1 strok česna, zdrobljen
- 1/2 čajne žličke kumine, mlete
- 1/2 čajne žličke čilija v prahu
- 1/2 žlice soli
- 1/2 žlice masti
- 1 čajna žlička čilija v prahu
- 1 čajna žlička soli
- 8 skodelic Masa
- 3 skodelice tople vode
- 1/4 čajne žličke črnega popra
- 3 žlice drobno narezanih rozin
- 2 žlici olja
- 1 funt Meso, narezano
- 1/4 skodelice vode

VODA ZA KUHANJE:
- 1 pol litra vode

NAVODILA:
NAMAKANJE ŠUK:
a) Koruzne lupine pred uporabo namočite v topli vodi za 2 uri ali čez noč.

POLNJENJE:
b) Na vročem olju prepražimo čebulo, česen, kumino, čili v prahu, sol, poper in po želji rozine.
c) Dodamo narezano meso in vodo; dušite, dokler se tekočina ne vpije.

MASA:
d) Delajte mast, čili v prahu in sol v maso; gnetite z rokami do gladkega. (Druga možnost je, da uporabite pekač kruha na "ročni" nastavitvi.)
e) Sestavljanje tamalesa:
f) S hrbtno stranjo žlice na notranjo stran koruznega olupka namažemo tanko in enakomerno plast mase, ki naj pokrije polovico dolžine olupka.

g) Na z maso obložen del lupine na tanko namažemo 1 žlico zmesi za nadev.
h) Eno stran lupine prekrijte čez drugo, tako da zložite pod del lupine, ki ne vsebuje mase.
i) Zlaganje in kuhanje na pari:
j) Zložite tamale v obliki piramide na plitvo rešetko za kuhanje v pari na dnu velikega kuhalnika.
k) V vodo dodajte mast in čili v prahu ter prelijte tamale.
l) Pokrijte z dodatnimi lupinami in kuhajte na pari 4-5 ur.
m) Namig: Ko je masa pripravljena , se bo raztegnila stran od lupin.

27. Narezane svinjske tamale

SESTAVINE:
- 18 Posušeni koruzni laski
- 1 majhna čebula, sesekljana (1/4 skodelice)
- 2 žlici rastlinskega olja
- 1/4 skodelice osnovne rdeče omake
- Narezana svinjina
- 2 žlici rozin
- 2 žlici kaper
- 2 žlici narezanega svežega cilantra
- 18 oljk brez koščic

RAZDANA SVINJINA:
- 1 funt svinjskih pleck brez kosti
- 1 paradižnik, sesekljan
- 1 majhna čebula, narezana na 1/4
- 1 korenček, narezan na 1" kose
- 1 steblo zelene, narezano na 1" kose
- 1 žlica čilija v prahu
- 1 čajna žlička soli
- 1/4 čajne žličke semen kumine
- 1/4 čajne žličke posušenega origana
- 1/4 čajne žličke popra
- 1 strok česna
- 1 lovorjev list
- 1 skodelica masti ali masti
- 2 skodelici Masa Harina
- 3 čajne žličke pecilnega praška
- 2 skodelici svinjske juhe (rezervirano med kuhanjem svinjine)

RAZDANA SVINJINA:
a) Vse sestavine za svinjino dajte v 3-qt ponev.
b) Dodajte toliko vode, da pokrije.
c) Segrevajte do vrenja; zmanjšajte toploto.
d) Pokrijte in dušite, dokler se svinjina ne zmehča, približno 1 1/2 ure.
e) Odcedite, juho prihranite za tamale testo.

TAMALE TESTO:
f) V veliki skledi mešalnika pri nizki hitrosti stepajte vse sestavine za testo in nenehno strgajte posodo, dokler zmes ne nastane gladka pasta.

g) Stepajte na srednji hitrosti, dokler ne postane rahlo in puhasto, približno 10 minut.

PRIPRAVA TAMALES:

h) lupino prelijemo s toplo vodo in pustimo stati vsaj 2 uri, da postane prožna.

i) Kuhajte in premešajte čebulo na olju v 3 qt ponvi, dokler se ne zmehča.

j) Vmešajte rdečo omako, narezano svinjino in preostale sestavine razen testa in oliv.

k) Segrejemo do vrenja; zmanjšajte toploto.

l) Pokrijte in ohladite 15 minut.

m) Odcedite koruzno olupčje ; posušite s papirnatimi brisačami.

n) Razporedite 1/4 skodelice testa po sredini vsake lupine od enega roba do 1/2 palca od drugega roba.

o) Na sredino testa z žlico dajte 2 žlici svinjske mešanice in na vrh položite olivo.

p) Luščine zvijte okoli nadeva, začnite z robom testa.

q) Oba konca prepognite navzgor proti sredini in po potrebi pritrdite z vrvico.

r) Tamale postavite na rešetko v nizozemski pečici ali parniku.

s) V nizozemsko pečico nalijte vrelo vodo do višine rešetke.

t) Pokrijte nizozemsko pečico in pustite vodo vreti na majhnem ognju 1 uro.

PERUTNINSKI TAMALES

28.Tamales časovne deformacije

SESTAVINE:
- Ena 6-unčna vrečka koruznih lusk

MESIMO TESTO
- 2 skodelici maziranega testa
- 1 čajna žlička morske soli
- ½ skodelice stopljenega masla

POLNJENJE
- 6 celih zelenih čilijev
- 1 funt piščančjih prsi brez kosti in kože ali 1 funt na kocke narezane buče
- 1 čajna žlička kumine
- 1 čajna žlička paprike
- Sol
- Poper
- 1 žlica rastlinskega olja
- ¼ skodelice drobno sesekljane rumene čebule
- 1 čajna žlička masla
- 1 žlica piščančje juhe oz
- ½ skodelice naribanega sira Cheddar
- 1 žlica sesekljanega cilantra
- 1 žlica sesekljane zelene čebule
- Salsa in kisla smetana, za serviranje

a) Rehidrirajte svoje koruzne lupine tako, da jih čez noč namočite v vodo. Če jih namočite, boste lažje zavili tamale. Preden jih uporabite, sperite lupine.
b) Za pripravo testa zmešajte mazno testo s soljo v veliki skledi za mešanje.
c) Počasi dodajte stopljeno maslo in ga sproti vmešajte v testo.
d) Nato papriko popečemo na žaru ali v pečici, dokler lupina ne zoglene. Ohladite in odstranite zoglenelo kožo ter vsa semena, preden papriko narežete na kocke.
e) Piščančje prsi začinimo s kumino, papriko ter soljo in poprom po okusu. V ponvi na močnem ognju segrejte olje in pražite piščanca 3,5 minute na vsaki strani, dokler ni zlato rjav.
f) Dodajte rumeno čebulo in maslo ter kuhajte 1 minuto, nato dodajte piščančjo osnovo in odstavite z ognja.
g) Ko se piščanec ohladi, ga narežemo na majhne koščke.

h) Narezan piščanec zmešamo s papriko in sirom. Po želji začinite z več soli in popra, nato dodajte koriander in zeleno čebulo ter premešajte, da se združi. Vaše polnjenje je končano!
i) testa v velikosti slive na sredini dlani.
j) Položimo ga na sredino koruznega olupka in ga s hrbtno stranjo žlice enakomerno razporedimo v tanko plast. Na vrh testa položite zvrhano jedilno žlico nadeva in se pripravite, da boste eno zvili!
k) Vzemite drugo koruzno lupino in jo natrgajte na trakove. Te kose boste uporabili za povezovanje koncev tamale.
l) Koruzni ličnjak z nadevom zvijemo in stisnemo konce skupaj, tako da nadev potisnemo proti sredini tamale, nato prepognemo odvečno lupino in pritrdimo s trakovi ličja ali navadno vrvico, da lučka ostane prepognjena med kuhanjem na pari.
m) Na tej točki lahko zamrznete nekaj tamalejev in jih shranite za drug dan ali pa jih vse kuhate na pari.
n) Tamale se tradicionalno kuha v sopari v posebni košarici, lahko pa uporabite tudi soparnik za zelenjavo. Zapakirajte tamale v soparnik in ga postavite nad vrelo vodo v velikem loncu.
o) Zmanjšajte vreti in lonec pokrijte.
p) Kuhajte 1 do 1 uro in pol, občasno preverite nivo vode in po potrebi dodajte več vode.
q) Izvlecite eno tamale in preverite čvrstost testa . Biti mora gobasto in nekoliko mastno, a čvrsto.
r) Svoje tamale postrezite tople, po želji s salso in kislo smetano.

29.Tamales s piščancem in Salsa Verde

SESTAVINE:
ZA TAMALES:
- ½ (8 unč) pakiranja posušenih koruznih lusk
- 4 unče (1/2 skodelice) masti
- 1 funt (2 skodelici) sveže mase
- ⅔ skodelice perutninske juhe
- 1 čajna žlička pecilnega praška
- ½ čajne žličke soli

ZA SALSA VERDE:
- 1 funt paradižnikov
- 3 serrano čili
- Sol
- 1 žlica masti
- 6 vejic svežega koriandra, grobo narezanega
- 1 majhna čebula, sesekljana
- 1 velik strok česna, sesekljan
- 3 paradižniki, narezani
- ¼ skodelice cilantra, sesekljanega
- 1⅓ skodelice narezanega piščanca

NAVODILA:
PRIPRAVITE KORUZNE LUPINE:
a) Luščine kuhajte 10 minut v vodi, da so pokrite, in jih obtežite s krožnikom, da ostanejo potopljeni. Pustite jih stati, dokler luščine niso prožne.

NAREDITE TESTO:
b) Mast stepajte v mešalniku, dokler ni zelo svetla, približno minuto.
c) dodajte ½ funta (1 skodelica) sveže mase. Stepajte, dokler se dobro ne zmeša.
d) Nadaljujte s stepanjem, izmenično dodajajte preostali ½ funt mase in perutninsko juho, pri čemer dodajte le toliko juhe, da dobite konsistenco srednje gostega testa za torte.
e) Potresemo pecilni prašek in sol. Stepajte še 1 minuto.

PRIPRAVITE SALSA VERDE:
f) Paradižnike olupimo in operemo. Kuhajte paradižnike in 3 serrano čilije z nekaj soli v loncu vode, dokler se ne zmehčajo, približno 10 do 15 minut.

g) Odcedimo jih in damo v posodo kuhinjskega robota. Dodajte koriander, čebulo in česen. Postopek do gladkega.
h) V srednje veliki ponvi na srednje močnem ognju segrejte 1 žlico masti. Ko je mast dovolj segreta, da zacvrči kapljica paradižnikovega pireja, vlijemo vse naenkrat.
i) Omako nenehno mešamo 45 minut, dokler ne postane temnejša in gosta, dovolj gosta, da lahko premažemo žlico. Dodajte sesekljane paradižnike in koriander. Posolimo.

ZMEŠAJTE IN OBLIKUJTE TAMALE:
j) Narezan piščanec zmešajte s ½ skodelice kuhane tomatillo omake.
k) Luščine odstranite iz vode, ko se zmehčajo. Lupine posušite. Dodatne lupine natrgajte na ¼ palca široke in 7-palčne dolge trakove, enega za vsako tamale.
l) Vzemite takšno, ki ima na širšem koncu vsaj 6 centimetrov premera in 6-7 centimetrov dolgo. Položite to koruzno lupino tako, da je rob obrnjen proti vam.
m) Nekaj žlic mešanice testa razporedite v kvadrat, pri čemer pustite vsaj 1 1/2-palčni rob na strani proti sebi in ¾-palčni rob na drugih straneh.
n) Vzemite dve dolgi strani koruznega ličja in ju združite tako, da se prekrivata eno čez drugo. Spodnji del lupine tesno zapognite navzgor do črte za polnjenje. Pustite zgornji del odprt. Zavarujte ga na mestu tako, da narahlo zavežete en trak luščine okoli tamale. Ponovite s preostalimi luščinami in mešanico testa.
o) Tamale postavite na prepognjeno dno v pripravljenem kuhalniku za paro in pazite, da niso zloženi pretesno, saj se morajo razširiti. Pokrijte s plastjo ostankov luščin. Pokrijte s pokrovom in kuhajte na pari 1 uro.
p) Previdno preverite, da vsa voda ne povre, in po potrebi dodajte vrelo vodo.
q) Postrezite z dodatno salso ob strani.

30.Piščančji tamales z omako iz paprike in bazilike

SESTAVINE:
PEČENA RDEČA PAPRIKA & BAZILIKA OMAKA:
- 4 rdeče paprike, pečene, olupljene, brez semen in narezane na kocke
- 2 stroka česna, sesekljan
- 1 žlica sesekljane sveže bazilike
- 1 čili Chipotle, brez pecljev
- 2 žlici kajenske omake Durkee
- 1/2 čajne žličke mlete kumine
- Sol po okusu

TAMALE TESTO:
- 1 1/2 skodelice Masa harina
- 1/2 čajne žličke sladkorja
- 1/2 čajne žličke soli
- 1 čajna žlička stopljenega masla
- 1 strok česna, sesekljan
- 3/4 skodelice vode
- 1 čajna žlička rastlinskega olja

POLNJENJE:
- 1/2 funta dimljenega piščanca brez kosti, narezanega na kocke
- 2 stroka česna, sesekljan
- 4 novi mehiški čili, praženi, olupljeni, brez pecljev, brez semen in grobo narezani
- 1/4 skodelice naribanega sira Monterey Jack
- 1/4 skodelice naribanega sira Cheddar
- 1 čajna žlička mlete kumine
- 1/2 čajne žličke mletega koriandra
- 1/2 čajne žličke čilija v prahu
- Sol in poper po okusu
- 8 velikih koruznih lusk

NAVODILA:
PEČENA RDEČA PAPRIKA & BAZILIKA OMAKA:
a) V mešalniku ali kuhinjskem robotu zmešajte pečeno rdečo papriko, česen, baziliko, chipotle čili, kajensko omako, mleto kumino in sol.
b) Mešajte do gladkega. Odstavite ali ohladite, dokler ni pripravljen za serviranje.

TAMALE TESTO:

c) V posodi za mešanje zmešajte maso harina , sladkor, sol, stopljeno maslo, sesekljan česen in vodo.
d) Mešajte, dokler ne nastane mehko testo. Pokrijte s plastično folijo in postavite na stran.

POLNJENJE:
e) V veliki ponvi na močnem ognju segrejte rastlinsko olje.
f) Dodamo na kocke narezano prekajeno piščančje meso in kuhamo skoraj do konca (približno 4 minute).
g) Dodamo sesekljan česen in pražen novomehiški čili . Premešajte, da združite.
h) Odstranite z ognja in pustite, da se ohladi. Dodajte nariban sir Monterey Jack in Cheddar, mleto kumino, mleti koriander, čili v prahu, sol in poper. Dobro premešaj.

MONTAŽA:
i) Koruzno lupino namočite v topli vodi za 10 minut, dokler ni prožna.
j) 2 luščini natrgajte na 12 trakov in odložite.
k) položite 6 luščin in mednje enakomerno porazdelite tamale testo.
l) Testo oblikujte v pravokotnik, ob straneh pustite 1/2-palčni rob.
m) Piščančji nadev z žlico položite na sredino testa.
n) Lupino po dolžini razvaljajte čez nadev, da dobite obliko cevi, ki objame nadev v testu.
o) Testo popolnoma zavijemo v luščino in oba konca zavežemo z natrganimi trakovi.
p) Tamales postavite v soparnik, tesno pokrijte in kuhajte na pari 15 do 20 minut.
q) Takoj postrezite z omako iz pečene rdeče paprike in bazilike.

31. Začinjeni račji tamales

SESTAVINE:
- 3/4 skodelice kuhanega, olupljenega, na drobne kocke narezanega sladkega krompirja
- 1 skodelica drobno narezane kuhane race
- 1 poper v adobo, odcejen in drobno sesekljan
- 25 svežih ali posušenih koruznih olupkov in 1 koruzni olupek, narezan na trakove za vezanje
- 1 serija osnovnega tamale testa

NAVODILA:
a) Če uporabljate posušene koruzne lupine , jih namočite v vroči vodi, dokler se ne zmehčajo, približno 30 minut.
b) V majhni skledi zmešajte sladki krompir, narezano raco in sesekljano papriko, da naredite nadev.
c) Izberite največje koruzne olupke . Na delovno površino položite eno luščino naenkrat in čez širok konec lupine razporedite 1/4 do 1/3 skodelice tamale testa.
d) Testo prelijemo z žlico račjega nadeva.
e) Lupino prepognemo okoli nadeva tamale, da ga popolnoma objamemo, in vsak konec zavežemo s trakom koruznega ličja .
f) ne porabite vsega testa in nadeva .
g) V velik lonec, opremljen z rešetko za kuhanje na pari, razporedite tamale in jih pokrijte s preostalimi namočenimi koruznimi olupki ali vlažno kuhinjsko krpo.
h) Nalijte toliko vrele vode, da seže tik pod rešetko za kuhanje v pari. Tesno pokrijte in zavrite na močnem ognju.
i) Rahlo zmanjšajte ogenj, da ohranite nežno brbotanje, in kuhajte tamale na pari približno 1 uro, po potrebi dodajte več vrele vode, dokler niso kuhani .
j) Odkrijte lonec in pustite tamale počivati 10 minut, preden jih postrežete.

32.Panamski tamales

SESTAVINE:
- 3 funte počene koruze
- 1 piščanec (2 1/2 ali 3 funte)
- 2 funta Mehka svinjina
- 1 skodelica sesekljane čebule
- 1 čajna žlička Achiote
- ½ skodelice paprike (po okusu)
- 1 pločevinka Paradižnikova pasta
- 3 listi kulantra oz
- ½ skodelice sesekljanega cilantra
- 1 čajna žlička origana
- Sol in poper po okusu
- ½ skodelice kaper
- ¾ skodelice polnjenih oliv
- 3 paradižniki
- 3 stroki česna
- Bananini listi
- Vrvica

NAVODILA:
a) Bananine liste operemo, kuhamo 20 minut, nato pustimo, da se odcedijo in posušijo.

NAREDITE MASO:
b) Zdrobljeno koruzo skuhamo do mehkega.
c) Zmeljemo, da dobimo maso.

PRIPRAVA MESNE OMAKE:
d) Piščanca ali svinjino skuhamo do mehkega.
e) Odstranimo kosti in prepražimo na maslu ali olju.
f) Ko porjavi, dodajte sesekljano čebulo, papriko, paradižnik, kulantro , origano in paradižnikovo pasto.
g) Dodajte 3 ali 4 skodelice vode in kuhajte, da naredite omako.
h) Oba dela precedimo in shranimo posebej.
i) Precejeno tekočino vmešajte v maso, dokler ni konsistenca nekoliko mehkejša od pire krompirja.

SESTAVITE TAMALE:
j) Vzemite kos bananinega lista, na sredino položite žlico mase, jo sploščite , da naredite žepek.
k) Dodamo precejeno mesno omako, še eno žlico mase in nanjo prepognemo list.
l) Zavežite z vrvico.
m) Zavrite veliko ponev z vodo.
n) Dodajte tamale in kuhajte 30 do 40 minut.
o) Tamale postrezite vroče.

33. Piščančji in koruzni tamales z omako Poblano

SESTAVINE:
- 24 svežih ali posušenih koruznih lusk
- 1 skodelica na kocke narezanega kuhanega piščanca
- 3/4 skodelice praženih koruznih zrn
- 1/2 skodelice narezane čebule
- 1 skodelica piščančje juhe
- 1/3 skodelice masti
- 3/4 skodelice koruznega zdroba
- Sol, po okusu
- Sveže mlet črni poper, po okusu
- Jugozahodna začimba (glej * opombo)
- Pražena poblano omaka (glej * opombo)
- 2 žlici drobno narezane rdeče paprike za okras
- 2 žlici drobno sesekljane zelene čebule za okras

NAVODILA:
a) Pečico segrejte na 350 stopinj.
b) Če uporabljate posušene koruzne lupine , jih namočite v vroči vodi, dokler se ne zmehčajo, približno 30 minut.
c) Rahlo naoljite 12 srednjih ramekinov, vsak približno 2 cm globoko. Vsak ramekin obložite z 2 koruznima luščenjema, pri čemer konce pustite štrleti.
d) V veliki skledi stepite piščanca, koruzo, čebulo, piščančjo osnovo, mast in koruzno moko, da dobite ohlapno, gladko testo. Po okusu začinite s soljo, poprom in Southwest Spice.
e) Testo z žlico razporedite v ramekine, vsakega posebej napolnite do vrha in prepognite liste, da objamejo vrhove.
f) Ramekin položite v velik pekač in prenesite na rešetko pečice. Previdno nalijte toliko vrele vode, da sega do polovice stranic ramekins.
g) Tamale pečemo, po potrebi v ponev dodamo še malo vode, 1 uro oziroma dokler niso kuhani .
h) Za serviranje na krožnike nalijte pečeno omako Poblano . Odstranite ramekine iz ponve in nato dvignite tamale na krožnik.
i) Prelijemo z malo preostale omake in okrasimo z rdečo papriko in zeleno čebulo.

ŽITNI TAMALES

34. Hummus tamales

SESTAVINE:
- 2 skodelici kuhane čičerike
- 1/2 skodelice tahinija
- 3 stroki česna, sesekljani
- 1/4 skodelice svežega limoninega soka
- 2 žlici olivnega olja
- 1 čajna žlička mlete kumine
- Sol in poper po okusu
- Koruzni olupki (namočeni v topli vodi, da se zmehčajo)
- Nadev po izbiri (npr. pečena zelenjava, dušena špinača ali sir)

NAVODILA:
a) V kuhinjskem robotu zmešajte čičeriko, tahini, mleti česen, limonin sok, olivno olje, mleto kumino, sol in poper. Mešajte, dokler zmes ne postane gladka in kremasta konsistenca, podobna humusu.
b) Koruzne olupke pripravite tako, da jih namakate v topli vodi, dokler ne postanejo prožni.
c) Vzemite zmehčano koruzno lupino in na sredino lupine namažite plast mešanice humusa.
d) Dodajte nadev po izbiri na vrh humusove plasti.
e) Strani koruznega ličja prepognemo čez nadev in nato prepognemo spodnji del, tako da ustvarimo zaprt žepek.
f) Postopek ponovite za preostale tamale.
g) Tamales kuhajte na pari približno 45-60 minut ali dokler testo ni kuhano in čvrsto.
h) Hummus tamales postrezite s svojimi najljubšimi bližnjevzhodnimi ali mehiškimi prelivi, kot je tahini omaka, salsa ali dodatni humus.

35.Sveža koruza in rdeča paprika Tamales

SESTAVINE:

- 8 koruznih klasov; zadostuje za 24 luščin in 1½ skodelice svežih koruznih zrn
- ½ skodelice rdeče paprike, narezane na kocke
- ½ skodelice kisle smetane
- ½ skodelice mleka
- 3 žlice koruznega zdroba
- ½ čajne žličke pecilnega praška
- ½ čajne žličke soli
- ½ čajne žličke kajenskega popra
- Kisla smetana za okras
- Paprika za okras

NAVODILA:

a) Koruzi odstranite lupine, prihranite velike notranje luščine in zavrzite zunanje in majhne notranje luščine (za vsako tamale boste potrebovali 3 luščine).
b) V veliki skledi pokrijte lupine z dovolj vroče vode, da so pokrite, in pustite, da se namakajo.
c) Z ostrim nožem nad veliko posodo za mešanje odstranite koruzna zrna iz storžev in prihranite ves sok. Morali bi imeti približno 1½ skodelice koruze.
d) V skledo dodajte rdečo papriko, kislo smetano, mleko, koruzni zdrob, pecilni prašek, sol in kajenski poper ter premešajte.
e) Luščine temeljito odcedimo v cedilu in osušimo s papirnatimi brisačkami.
f) Na 1 lupino položite približno ¼ skodelice nadeva in ga rahlo razporedite po dolžini. Zgornji in spodnji konec pripeljite na sredino, tako da se rahlo prekrivata.
g) Okoli njega po dolžini ovijte drugo lupino, tako da oblikujete valjasto obliko. Uporabite še eno lupino, da zatesnite in pritrdite obliko tako, da zavijete v nasprotni smeri.
h) Z mesarsko vrvico dobro zavežite navzkrižno in naredite vozel.
i) Tamales postavite v soparnik nad vrelo vodo in kuhajte na pari 1 uro.
j) Odstranite z lopatico z režami. Odrežite vrvice in jih odstranite. Nekoliko ohladite, nato pa postrezite s kepico kisle smetane in papriko.
k) Uživajte v svežih tamalejih iz koruze in rdeče paprike!

36.Tamales iz koruze in črnega fižola

SESTAVINE:
- 3 sveže koruze z lupinami
- 1 skodelica črnega fižola, kuhanega
- ½ pločevinke (4 1/2 oz) sesekljanega blagega zelenega čilija
- 1 čajna žlička mlete kumine
- 1 skodelica instant koruzne mase
- ¼ čajne žličke pecilnega praška
- ½ čajne žličke soli (1 lb. 5 oz.)
- ⅓ skodelice zelenjavne masti
- ⅓ skodelice vode (do 1/2 skodelice)
- 3 unče sira Monterey Jack, narezanega na 8 trakov
- 2 skodelici zelene solate, narezane
- ¼ skodelice pripravljene paradižnikove salse

NAVODILA:
a) Ločeno lupine od koruze; odstranite in zavrzite svilo z lupin. Raztrgajte 4 majhne luščine po dolžini na ½ palca široke trakove in jih zvežite skupaj z vozli, da oblikujete 4 trakove za vezanje tamalejev; dati na stran. Rezervirajte vse preostale luščine.

b) Z nožem odrežemo koruzna zrna s storžev. (Naredi približno 2 skodelici koruznih zrn.) V srednje veliki skledi zmešajte koruzna zrna, črni fižol, sesekljan zeleni čili in mleto kumino; dati na stran.

c) Na povoščenem papirju zmešajte maso, pecilni prašek in sol. V srednje veliki skledi z električnim mešalnikom na srednji hitrosti stepajte mast, dokler ni rahla in puhasta. Dodajte mešanico mase, ¼ skodelice naenkrat , in vodo po potrebi, dokler testo ne spominja na mehko kašo iz koruzne moke. Testo razdelite in oblikujte v 4 enake krogle.

d) Štiri posodice za sufle po 8 unč ali skodelice za kremo obložite z nekaj preostalimi koruznimi luščinami , tako da luščine segajo čez rob za 3 centimetre. Trdno potapkajte tri četrtine 1 krogle testa na dno in okoli sten 1 z lupino obložene posode. Na dno posode položite 1 trak sira; napolnite s koruzno mešanico. Natrgajte 1 trak sira na koščke in ga potresite po koruzni mešanici.

e) Preostalo ¼ krogle testa razporedite po vrhu, stisnite stran in vrh okoli roba, da zajame nadev in zapre. Po vrhu zložite koruzne olupke , da prekrijete tamal, in zavežite okrog jedi z zavozlanimi trakovi koruznega olupka. Ponovite s preostalimi 3 posodami, obloženimi z lupino, testom, sirom in mešanico koruze, da naredite še 3 tamale.

f) V 8-litrski lonec postavite rešetko ali košaro za kuhanje v pari in dodajte 1½ palca vode. Rešetko ali košaro za kuhanje v pari obložite s preostalimi koruznimi olupki .
g) Posodo razporedite po rešetki. Pokrijte in na močnem ognju segrejte vodo do vrenja; zmanjšajte toploto na srednje nizko in kuhajte tamale na pari, dokler se testo zlahka ne loči od luščine – 55 do 60 minut. Preverite nivo vode in po potrebi dodajte več vode. Če uporabljate avtomatski parnik, upoštevajte navodila proizvajalca.
h) Odstranite tamale iz lonca in jih nekoliko ohladite, preden jih začnete uporabljati. Za serviranje razdelite narezano solato na 4 servirne krožnike. Odrežite vezane trakove luščin.
i) Tamale previdno vzamemo iz posode in položimo na solato. Olupite lupine z vrha in s stranic tamalejev in na vsak tamale nanesite 1 žlico salse.
j) Uživajte v tamalejih iz koruze in črnega fižola!

37. Humus Tamales

SESTAVINE:
- 1 serija osnovnega testa Masa (recept ni naveden tukaj)
- 3 skodelice čičerike, kuhane
- ½ skodelice sezamovega tahinija
- 6 žlic rjavega riževega kisa
- 18 Koruzni laski
- 3 stroki česna, sesekljani
- 3 žlice svežega peteršilja, sesekljanega
- 2 žlici tamarija

NAVODILA:
NAREDITE NADEV:
a) V kuhinjskem robotu zmešajte čičeriko, sezamov tahini, rjavi rižev kis, česen, peteršilj in tamari, dokler ne dobite goste paste.
b) Po potrebi dodajte malo vode, da dosežete želeno konsistenco.
SESTAVITE TAMALE:
c) Osnovno testo za maso pripravite po priloženem receptu.
d) lupine namočite v topli vodi za približno 30 minut ali dokler niso prožni.
e) koruzne lupine namažite tanko plast masa testa.
f) Na sredino mase z žlico nalijte izdatno količino humusa.
g) Strani lupine prepognemo čez nadev.
h) Zgornji in spodnji del lupine prepognite, da objame nadev, tako da nastane pravokoten paket.
i) Tamale zavarujte tako, da ga zavežete s kuhinjsko vrvico ali trakovi koruznega ličja.
j) Tamales postavite v soparnik s prepognjeno stranjo navzdol.
k) Kuhajte na pari približno 1 do 1,5 ure ali dokler masa ni kuhana in drži skupaj.
l) Pustite, da se tamali nekoliko ohladijo, preden jih postrežete.
m) Pred serviranjem odstranite kuhinjsko vrvico.

38. Tamales iz fižola

SESTAVINE:
- 1 funt pripravljene mase (koruzno testo, sveže ali iz mešanice)
- 10 bananinih listov 5" × 12"
- 1/2 funta črnega fižola, kuhanega in pretlačenega
- Približno 10 listov epazota (svinjske trave), sesekljanih
- Košer sol po okusu

NAVODILA:
a) Pripravite soparnik, dovolj velik, da sprejme 10 paketov tamale.
b) Maso pripravite tako, da moko zmešate z vodo ali jo kupite pripravljeno na španskem trgu.
c) Iz bananinih listov natrgajte 10 dolgih trakov, ki jih boste uporabili za vezice.
d) Bananine liste položite na segreto kozico ali ponev in rahlo popečete. Plosko razprostrite list.
e) Testo razdelite na 10 kosov. Testo oblikujte v podolgovat, nato sploščite v ovalno obliko na vsakem bananinem listu, tako da na robovih pustite široke robove za prepogibanje.
f) Fižol razdelite na 10 delov. Na sredino mase enakomerno razporedimo fižolov pire. Po fižolu potresemo sesekljan epazot .
g) Bananine liste zložimo v zavojčke: spodnji del lista zapognemo navzgor in rahlo pritisnemo na rob, da se zapre. Nato levi konec zložite v sredino in desni konec v sredino. Snope zavežite s trakom listov okoli sredine zavojčka, z vozli na prepognjenih robovih.
h) Vse tamale položite v soparnik, pokončno ali zložene. Tamale kuhajte v pari 35 minut na srednji temperaturi ali ko se vsak tamale zlahka loči od lista.

39.Tamales brez mesa, polnjen z bulgurjem

SESTAVINE:
- 1 recept za osnovno testo Masa (glejte recept)
- 1 skodelica Bulgur pšenice, nekuhane
- 8 Paradižniki, sušeni, mleti
- ¼ skodelice čebule, posušene
- 18 Koruzni olupki ali pergamentni papir
- 2¾ skodelice vrele vode
- 4 žlice Miso, rjavi riž
- 2 žlici Arrowroot prahu

NAVODILA:
a)   V srednje veliki skledi za mešanje zmešajte bulgur, paradižnik, papriko in čebulo.
b)   Dodamo vrelo vodo. Premešamo in pokrijemo z jedilnim krožnikom. Pustite stati 15 minut.
c)   Dodajte miso in arrowroot ter temeljito premešajte.
d)   Napolnite in skuhajte tamale v skladu z "Osnovnim postopkom za tamale".
e)   Uživajte v brezmesnih tamalejih, polnjenih z bulgurjem!

40.Tamales iz koruze in fižola Maya

SESTAVINE:
- 1 skodelica suhega fižola, predhodno namočenega
- voda
- 2 skodelici masa moke (ne mase testa) ali koruznega zdroba
- 1 čajna žlička soli

NAVODILA:
a) V loncu nekaj ur v vodi kuhamo namočen fižol, dokler ne začne razpadati. Rezultat mora biti približno 4 skodelice fižola in tekočine.
b) Če uporabljate masa moko, pustite, da se fižol ohladi, nato dobro premešajte z masa moko in soljo. Če uporabljamo koruzni zdrob, na koruzni zdrob stresemo vreli fižol in močno premešamo, nato dodamo sol.
c) Testo iz koruznega fižola oblikujte v kroglice s premerom približno 2 cm.
d) Kroglice zavijemo v koruzne olupke ali folijo in kuhamo na pari 1 uro.
e) Uživajte v Maya Corn & Bean Tamales!

41. Tamale de Elote

SESTAVINE:
- ½ skodelice mleka
- 1⅓ skodelice praženih svežih koruznih zrn
- 1 skodelica Masa harina
- 14 žlic masla, zmehčanega
- 1 čajna žlička pecilnega praška
- ½ čajne žličke soli
- ½ skodelice Chiles poblanos , drobno narezanega
- ½ skodelice Jack sira
- 8 Posušeni koruzni olupki

NAVODILA:
a)   koruzne lupine namočite v vroči vodi, dokler niso prožne.
b)   V ponvi na zmernem ognju dušimo mleko in pražena sveža koruzna zrna, dokler se koruza ne zmehča (približno 10 minut).
c)   Precedite koruzo, rezervirajte 1 skodelico, preostanek pa pretlačite z mlekom.
d)   Masi harini dodamo pire in zmešamo z žlico ali metlico.
e)   V veliki skledi stepite maslo, pecilni prašek in sol, dokler ne postane svetlo in puhasto.
f)   Dodajte maso v korakih po 2 oz in mešajte, dokler ni rahla in puhasta (skupaj približno 10 do 15 minut).
g)   Zložite na kocke narezan zeleni čili , preostalo koruzo in sir Jack.
h)   Maso enakomerno porazdelite med namočene koruzne olupke .
i)   Zvijte in zavežite tamale ter kuhajte na pari 30 minut.
j)   Pustite, da se tamali nekoliko ohladijo, preden jih postrežete.

42.Zelena koruza tamale

SESTAVINE:
- 10 klasov sveže koruze
- 1 čajna žlička soli
- ½ palčke masla, stopljenega
- 1 skodelica koruznega zdroba (ali po potrebi)
- ½ funta sira Cheddar ali Monterey Jack, grobo naribanega
- Ena 4-unča pločevinka celega zelenega čilija , odcejenega in narezanega na trakove

NAVODILA:
a) Koruzo oluščite in prihranite ducat velikih lupin. Lupine operemo in jih položimo v posodo z vodo, da ostanejo vlažne.
b) S koruze odstranite svile in koruzo globoko odrežite s storžev. Lahko uporabite rezalnik za koruzo ali postavite vsak klas pokonci v veliko plitvo skledo in ga zarežite od zgoraj navzdol z ostrim nožem. Koruzo lahko sesekljamo tudi v kuhinjskem robotu, blenderju, mletju za hrano ali z metatom (trikrakim mlinčkom).
c) Koruzo zmeljemo, dokler ne postane testo, čeprav bodo ostali majhni koščki vlaken. Mleto koruzo začinimo s soljo in maslom. Vmešajte toliko koruznega zdroba, da nastane testo, ki ohrani obliko, ko ga pritisnete v roki. Če je zmes preveč drobljiva, dodamo še maslo ali malo vode.
d) Dobro namaščen 2-litrski pekač obložite s koruznimi olupki, tako da pustite, da konci segajo nad rob. Razporedite tanko plast koruzne mešanice čez lupine, da jih zasidrate.
e) Po koruzni mešanici potresemo sir, nato pa po pekaču enakomerno razporedimo zeleni čili .
f) Pokrijemo s preostalim koruznim testom, na tamale zložimo luščine in pritisnemo na vrh. V tamale vtisnite dodatne luščine.
g) Pečico segrejte na 350 stopinj Fahrenheita in pecite, dokler ni čvrsta, vendar ne suha, približno 45 minut. Če se vrh posuši, preden se tamale strdi, pokrijemo s folijo.
h) Postrezite vroče z mesom ali fižolom na žaru.

43.Nojev čili koruzni tamale

SESTAVINE:
- čilijev Ancho , olupljenih in brez semen, ali 10 žlic mletega Ancho
- 1 žlica mlete kumine
- 2 žlici mletega koriandra
- ½ žlice mletega origana
- ¼ čajne žličke mletega cimeta
- 2 žlici olja
- 1 skodelica narezane čebule
- 2 žlici mletega česna
- 3 funte zmletega noja
- 1 koruzna tortilja, natrgana
- 1 (12 unč) steklenica temnega piva
- 1½ skodelice piščančje juhe
- Sol, po okusu
- Sok limete
- 1½ skodelice koruznega pireja, kuhanega
- 8 koruznih lupin, privezanih na vsakem koncu

NAVODILA:
PRIPRAVITE ANČO ČILI PIRE:
a) Ancho čili namočite v skledo vroče vode, dokler se ne zmehča.
b) Čili in 2 žlici tekočine za namakanje iz čilijev dajte v mešalnik ali kuhinjski robot.
c) Pasirajte 1 minuto. (Če uporabljate mleti čili , zmešajte z 2 žlicama vode.)
d) Dodajte kumino, koriander, origano in cimet. Nadaljujte s pirejem do gladkega.

KUHAJ ČILI:
e) V ponvi segrejte olje, dokler ni zelo vroče.
f) Dodamo čilijev pire in pražimo 1 minuto.
g) Dodamo čebulo, česen, mletega noja in natrgano tortiljo. Dobro premešajte, da se poveže.
h) Dodajte pivo in piščančjo osnovo. Zavremo, nato zmanjšamo ogenj in pustimo vreti 2 uri.
i) Enolončnico odstavimo z ognja in po okusu začinimo s soljo in limetinim sokom .
j) "čoln" iz koruznih lusk namažite 1½ žlice koruznega pireja .
k) Prelijemo s pripravljeno enolončnico.
l) Postrezite in uživajte v svojem edinstvenem tamaleju Ostrich Chili Corn!
m) Opomba: Ta recept je bil prvotno postrežen s pečenimi nojevimi fileji in dimljeno enchilado s kozicami s tajsko omako v dvorcu Turtle Creek v Dallasu.

44.Čilski začinjeni pire koruzni tamales

SESTAVINE:
- 3½ skodelice koruznih zrn (sveža ali konzervirana)
- ½ skodelice mleka
- 1 čajna žlička soli
- Sveže mleti črni poper
- 1 čajna žlička Aji čili v prahu ali nadomestek New Mexican
- 2 žlici margarine
- 1 čebula, sesekljana
- ½ skodelice Summer squash, drobno sesekljane
- 1 žlica rdeče paprike, sesekljane
- 1 žlica svežega cilantra, sesekljanega
- ¼ skodelice naribanega parmezana
- Bananini listi (6 x 6 palcev) ali koruzni olupki

NAVODILA:
a) Koruzna zrna z mlekom pretlačite v kuhinjski robot. Dodajte sol, poper in čili v prahu ter dobro premešajte.
b) V veliki ponvi segrejte margarino, na kateri 10 minut pražite čebulo, bučo, rdečo papriko in koriander.
c) Dodamo pretlačeno koruzo in med stalnim mešanjem kuhamo približno 5 minut, dokler se ne zgosti.
d) Dodamo nariban sir, dobro premešamo in odstavimo z ognja.
e) Bananine liste ali koruzne olupke blanširajte v vreli vodi in odcedite.
f) Eno za drugo odstranite vsako lupino in na sredino vsake lupine razporedite približno 4 žlice koruzne mešanice.
g) Lupino zložite okoli koruzne mešanice, da dobite kvadraten paket, in ga dobro zavežite s kuhinjsko vrvico. Prepričajte se, da so vsi robovi zaprti, da testo ne more uiti iz lupine.
h) Ko so vse luščine napolnjene, jih damo v večji lonec s slano vodo, da jih pokrijemo in na majhnem ognju pokrito dušimo približno 1 uro.
i) Tamale postrezite v luščini še tople. Lahko jih tudi poparimo.

45. Succotash Tamales

SESTAVINE:
- 200 gramov odcejenega in predkuhanega instant kuskusa
- 100 gramov maslenega fižola v pločevinkah, odcejenega
- 100 gramov sladke koruze v pločevinkah
- 100 gramov svežega oluščenega graha
- 1 majhna sladka rdeča paprika
- 4 mlade čebule
- 1 velik košček masla
- 4 tamaleji (posušeni koruzni olupki)
- Pest koriandrovih listov
- Sol in poper po okusu

NAVODILA:
a) Mlado čebulo in rdečo papriko drobno sesekljajte.
b) Na malo masla nežno prepražimo sesekljano mlado čebulo in rdečo papriko. Začinimo s soljo in poprom.
c) Dodajte masleni fižol, koruzna zrna in grah. Nežno pražimo 2 minuti.
d) Dodamo kuhan kuskus in rahlo segrejemo.
e) Na koncu premešamo še liste koriandra.
f) Vsak vezan tamale enakomerno napolnite z mešanico sukote.
g) Postrezite s pikantnim piščancem, zrezki ali ocvrtimi jajci Cajun.
h) Uživajte v Succotash Tamales!

46.Tamales iz sladkega fižola
3

SESTAVINE:
MASA TESTO:
- 2/3 skodelice masti
- 2 žlici sladkorja
- 1½ čajne žličke soli
- 1½ funta sveže mase za tamale
- 1 skodelica vode

NADEV IZ SLADKEGA FIŽOLA:
- 1 liter Pinto fižola, kuhanega in odcejenega
- 1/4 skodelice masti
- 1 skodelica zdrobljene panoče (mehiški rjavi sladkor) ali temnega sladkorja
- 1 čajna žlička mletega cimeta
- 1 čajna žlička mletih nageljnovih žbic
- 2 skodelici rozin, namočenih v vroči vodi 1/2 ure

KORUZNI LUČKI:
- Koruzni olupki, namočeni v vroči vodi 10 minut, dokler niso prožni, nato splaknjeni in odcejeni

NAVODILA:
MASA TESTO:
a) V električnem mešalniku penasto stepemo mast, sladkor in sol.
b) Postopoma dodajajte maso, izmenično z vodo.
c) Stepajte do puhastega. Testirajte tako, da daste majhen vzorec mešanice v kozarec vode. Če vzorec plava, je masa pripravljena.
NADEV IZ SLADKEGA FIŽOLA:
d) Odcejen fižol pretlačimo.
e) V ponvi segrejte mast.
f) Dodajte fižol, panočo, cimet, nageljnove žbice in odcejene rozine.
g) Kuhajte 15 minut in pogosto mešajte, da se fižol ne zažge.
h) Pred uporabo ohladite.
SESTAVLJANJE TAMALES:
i) Za majhne tamale položite 1 žlico mase na širok konec lupine in jo razporedite na vsako stran.
j) Na sredino damo 1 zvrhano žlico mešanice fižola.
k) Strani luščin zapognemo, da prekrijemo nadev, tako da se robovi prekrivajo.
l) Koničasti konec zložite proti tamaleju in odprta konca stisnite skupaj.
DUŠENJE TAMALES:
m) V velik kotliček postavite kozarec folije v velikosti skodelice in dodajte 2 skodelici vode.
n) Tamale razporedite v piramido, z odprtim koncem navzgor, z zavihanim koncem ob foliji, da jo zadržite.
o) Pokrito kuhajte na pari 40 minut.

47.Tamales s sladkim črnim rižem s Ha Gowom

SESTAVINE:
ZA RIŽEVO MASO:
- 3 skodelice tajskega sladkega črnega riža
- 2 žlički pecilnega praška
- 8 unč nesoljenega masla

ZA POLNJENJE HA GOW:
- 27 unč nadev Ha gow

ZA MONTAŽO:
- 18 Koruzni ličji, navlaženi
- Posušene kitajske črne gobe, namočene in zmlete
- ½ funta drobno narezanih kozic
- ½ čajne žličke soli
- 1½ čajne žličke sladkorja
- 1 jajčni beljak, pretepen
- 1½ čajne žličke sveže naribanega ingverja
- 1 žlica suhega belega vina
- 2 žlici koruznega škroba
- 2 žlički ostrigove omake
- 1 čajna žlička sojine omake
- 1½ čajne žličke sezamovega olja
- 1½ čajne žličke arašidovega olja
- ¼ skodelice drobno sesekljane jicama
- ¼ skodelice drobno narezanega korenja
- 1 velik šop sesekljane kapesate
- 1 ščepec belega popra
- ¾ skodelice fermentiranega črnega fižola
- ¼ skodelice sesekljanega česna

ZA OMAKO IZ ČRNEGA FIŽOLA SZECHUAN:
- 6 Črne školjke, v lupinah
- 2 žlici arašidovega olja
- 2 žlici nesoljenega masla in 2 unči za zaključek jedi
- 1 skodelica slivovega vina
- 1 skodelica Mirin
- 3 skodelice piščančje juhe
- 2 žlici rdeče miso
- 1 žlica hoisin omake
- 2 žlici česna
- 2 žlici ingverja

- 1 žlica čebulice
- ½ čajne žličke zdrobljenega rdečega čilija

ZA MEŠANICO ČINOJA:
- 1 skodelica črnega fižola
- ¼ skodelice česna
- ¼ skodelice sesekljanega chinoisa

NAVODILA:

ZA RIŽEVO MASO:
a) Riž čim bolj fino zmeljemo v kavnem mlinčku.
b) Namakajte v topli vodi 1 uro. Odcedite skozi gazo in prenesite v kuhinjski robot z nastavkom za lopatico.
c) Dodajte pecilni prašek in maslo ter mešajte, dokler se sestavine ne povežejo in tekstura spominja na maso.

ZA POLNJENJE HA GOW:
d) Gobe namočite v vrelo vodo 30 minut. Odstranite peclje in mlete kapice.
e) Kozico dajte v kuhinjski robot s soljo, sladkorjem, jajčnim beljakom, ingverjem, vinom, koruznim škrobom, ostrigovo omako, sojino omako, sezamovim oljem in arašidovim oljem. Po vsakem dodajanju temeljito premešajte.
f) Dodajte gobe, jicama, korenček, sesekljano kapesanto in beli poper. Dobro premešaj.

ZA MONTAŽO:
g) Za vsak tamale na delovno površino položite dva navlažena koruzna lupine , tako da oblikujete pravokotnik.
h) položite 2 unči riževe mase, nato 3 unče ha gow nadeva in na koncu še 2 unči riževe mase.
i) Zavijemo in postavimo v soparo. Kuhajte na pari približno 50-60 minut, dokler riž ni kuhan.

ZA OMAKO IZ ČRNEGA FIŽOLA SZECHUAN:
j) Črni fižol, česen in chinois grobo obdelajte.
k) Na malo arašidovega olja in masla popražimo s školjkami v lupinah.
l) Dodamo slivovo vino, mirin in reduciramo. Nato dodajte piščančjo osnovo, miso in hoisin ter zmanjšajte.
m) Odstranite školjke in zmes pretlačite v pire.
n) Za zaključek omake dodajte 2 unči masla.
o) Za mešanico Chinois:
p) Zmešajte vse sestavine.

VEGGIE TAMALES

48. Tamale enolončnica iz zelene koruze

SESTAVINE:
- 1 (4 oz.) pločevinka celih zelenih čilijev
- 3 skodelice sveže koruze ali zamrznjene koruze
- ⅓ skodelice rumene koruzne moke
- 2 žlici stopljenega masla
- 2 žlički sladkorja
- 1 čajna žlička soli
- 1 skodelica naribanega sira

NAVODILA:
a) Pečico segrejte na 350 stopinj. Pekač premažite z maslom.
b) Zelene čilije narežemo na široke trakove.
c) V mešalniku zmešajte svežo ali zamrznjeno koruzo, rumeno koruzno moko, stopljeno maslo, sladkor in sol, dokler se dobro ne zmešajo.
d) Na dno z maslom namazanega pekača položite polovico mešanice koruznega zdroba, nato pa trakove zelenega čilija in nariban sir. Ponovite plasti in zaključite s preostalo mešanico koruzne moke na vrhu. Po vrhu potresemo dodaten sir.
e) Pekač pokrijemo s folijo in pečemo 1 uro pri 350 stopinjah.

49.Zelje Tamales

SESTAVINE:
- 1 velika glava zelja
- 4 funte svinjskih kotletov ali filejev, nekuhanih
- ½ funta kuhanega riža
- 1 funt slanine, nekuhane
- 1 velika pločevinka paradižnikovega soka
- 1 srednja čebula, sesekljana
- Sol in poper po okusu
- Rdeča paprika (v prahu)

NAVODILA:
a) Riž skuhajte po navodilih na embalaži.
b) Ohrovtu čim dlje izrežemo sredico. Celo glavo zelja damo v vročo slano vodo, dokler se zunanji listi ne zmehčajo. Odstranite iz vode in položite na krožnik, liste pa odstranite, ko se zmehčajo. Zelje zamenjajte v počasi vreli vodi, dokler ne odstranite vseh listov .
c) Svinjsko meso narežite na približno ½-palčne kvadrate.
d) Dno in stranice pekača obložite s suro slanino.
e) Jemljite po en zeljni list. Na vsak list damo žlico kuhanega riža, 4 do 5 kock svinjskega mesa, malo sesekljane čebule ter kanček soli in popra (po želji). List zvijemo in položimo v pekač. Ta postopek ponovite za vsak list.
f) Na zvite ohrovtove liste položimo morebitne ostanke mesa, čebule in riža. Po vrhu obložimo s slanino.
g) V pekač vlijemo eno pločevinko paradižnikovega soka in eno pločevinko vode. Po vrhu potresemo rdečo papriko v prahu.
h) Pokrito pečemo pri 350 stopinjah 3 ure.
i) Zelje tamale postrezite s francoskim kruhom. Uživajte!

50. Chilahuates (tamales, ovit v bananine liste)

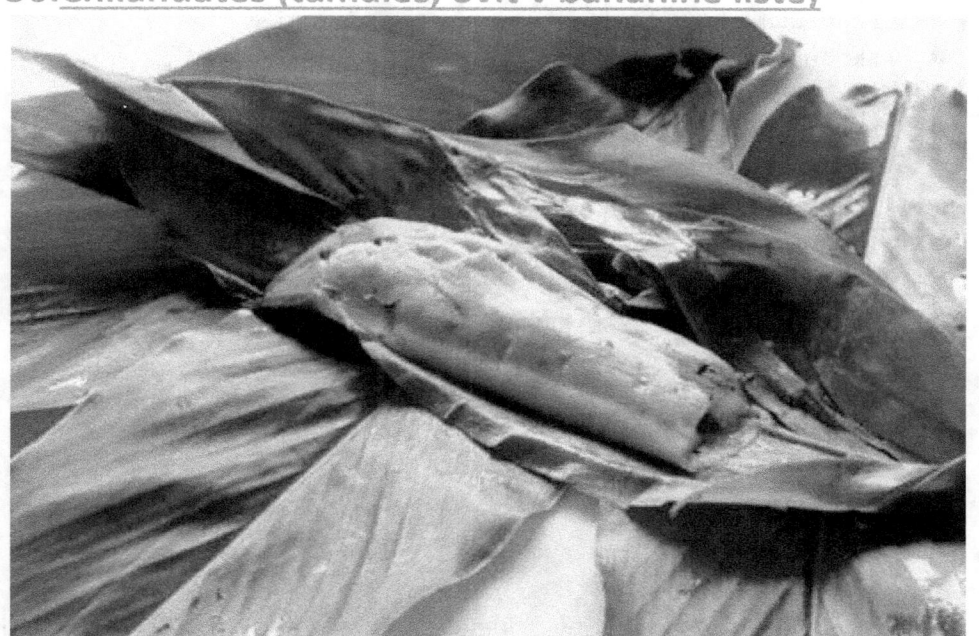

SESTAVINE:
- 1 skodelica črnega fižola
- 4 skodelice masa harina
- ½ skodelice zelenjavne masti
- 2 skodelici zelenjavne juhe, mlačne
- 1 čajna žlička soli
- 1 čajna žlička pecilnega praška
- 3 listi banane
- ¼ skodelice rastlinskega olja
- 1 strok česna, drobno sesekljan
- ½ skodelice drobno sesekljane čebulice
- 1 čajota, drobno sesekljana
- 6 jalapeno čilijev, oluščenih in drobno narezanih
- ½ skodelice mandljev, blanširanih in drobno sesekljanih
- ¼ skodelice sesekljanega svežega cilantra
- Sol, po okusu

NAVODILA:

a) Črni fižol dajte v srednji lonec, dodajte vodo in zavrite. Ogenj zmanjšamo in pokrito dušimo 1-2 uri, da se fižol zmehča. Fižol je kuhan, ko se njegova lupina ob mešanju zlahka zlomi.

b) V posodi za mešanje stepajte masa harino z zelenjavno mastjo, izmenično z mlačno zelenjavno juho, dokler ne postane svetla in puhasta, približno 10 minut. Dodamo sol in pecilni prašek ter stepamo še 2 minuti.

c) Bananine liste očistite in skuhajte ali zoglenite (če niso predhodno kuhani). Odrežite trde žile in liste narežite na približno 8-10" kvadrate.

d) V ponvi segrejte rastlinsko olje in prepražite česen in česen do zlate barve. Dodajte čajoto, jalapeno čili, mandlje, koriander in kuhan črni fižol. Dobro premešamo, premešamo in vse skupaj kuhamo. Po okusu začinimo s soljo.

e) Na kvadrat bananin list razporedite malo manj kot ½ skodelice masa harine kot palačinko. Na vrh dajte približno 2 čajni žlički mešanice zelenjave/fižola. List prepognite kot paket in ponovite s preostalimi listi in nadevom.

f) Tamale položite v soparnik, tako da jih diagonalno prekrivate, da lahko para prehaja skozi. Lonec pokrijte in kuhajte na pari vsaj 1 uro in pol, pri čemer občasno preverite nivo vode.

g) Ko so bananini listi kuhani, jih previdno odvijte in čilahuate postrezite vroče. Uživajte v okusnih tamalejih, ovitih v bananine liste!

51. Zeleni čilski tamales

SESTAVINE:
- 1 recept Masa Testo (glejte * Opombo)
- 4 Poblano čili , pražen, olupljen in brez semen
- ⅓ skodelice Tomatillo Salsa (zelena salsa, glejte * opombo)
- 8 unč posušenih koruznih lusk (1 paket)

NAVODILA:
a) Koruzne olupke namočite v vroči vodi vsaj 2 uri ali čez noč.
b) Zmešajte pražene poblano in tomatillo salso v mešalniku ali kuhinjskem robotu.
c) Pire do gladkega.
d) Dodajte mešanico pireja čilija v testo Masa in dobro premešajte, da se poveže.
e) Mešanico hranite pri sobni temperaturi.
f) Upoštevajte način polnjenja in kuhanja na pari kot v receptu za puranje tamale (recept za katerega ni na voljo, vendar lahko uporabite svoj najljubši recept za puranje tamale).

52.Huminta Tamales

SESTAVINE:
- 14 koruznih lusk
- 4½ skodelice Masa Harina
- 1½ čajne žličke janeža v prahu
- ½ čajne žličke soli
- 2¼ skodelice vode
- 2 skodelici zimske buče, kuhane in pretlačene

NAVODILA:
a) koruzne lupine za 10 minut potopite v toplo vodo.
b) V ločeni skledi zmešajte maso harina in janež . Dati na stran.
c) V srednje veliki kozici zavrite vodo in sol. V vodo dodajte bučo, nato mešanico mase.
d) Mešanico prenesite v veliko posodo za mešanje. V skledi premešamo in gnetemo, da dobimo trdo testo.
e) Testo razvaljajte v 14" poleno. Testo narežite na 1" dolge kose.
f) Vsak kos oblikujte v kroglico, nato v obliko cigare in zavijte v koruzno lupino .
g) Tamale skuhajte na način, ki vam je najbolj všeč, ne glede na to, ali gre za kuhanje na pari ali drugo metodo kuhanja tamalesa.

53.pesto tamales

SESTAVINE:
- 1 Osnovni recept za Masa Testo
- 18 Koruzni laski

POLNJENJE:
- 4 skodelice sveže bazilike, pakirano
- 1 skodelica olivnega olja
- 4 žlice pinjol
- 4 stroki česna
- ½ skodelice parmezana, naribanega
- ALI
- ½ skodelice veganskega nadomestka za parmezan
- 3 žlice naribanega sira Romano

NAVODILA:
NAREDITE NADEV:
a) V mešalniku ali kuhinjskem robotu mešajte baziliko, olivno olje, pinjole in česen 2 do 3 minute, dokler ne postane gladko.
b) Dodajte nariban parmezan ali veganski nadomestek za parmezan in mešajte še eno minuto, da se dobro poveže.

SESTAVITE TAMALE:
c) Sledite "Tamales: osnovni postopek", da sestavite tamale.
d) Kuhajte tamales:
e) Tamales skuhamo po osnovnem postopku.
f) Postrezite:
g) Ko je kuhan, postrezite pesto tamales.
h) Uživajte v čudovitih okusih pesta, vlitega v tradicionalne tamale!

54. Rdeči čili tamale

SESTAVINE:
- 1 skodelica rdeče čilske omake (salsa) (recept sledi)
- 1/2 funta posušenih koruznih lusk
- 1/2 recepta za osnovno tamale testo (recept sledi)
- 1 1/2 skodelice kuhane, narezane svinjske zadnjice

NAVODILA:
a) Naredite rdečo čilsko omako (salso) in jo pustite, da se ohladi na sobno temperaturo.
b) Koruzne olupke dajte v globoko veliko skledo, prelijte z vrelo vodo in pustite, da se namakajo, medtem ko pripravljate nadev.
c) Pripravite tamale testo, po možnosti uporabite svinjsko osnovo, da ga navlažite. Ko je rahlo in puhasto, stepite 1/3 skodelice ohlajene salse in temeljito premešajte, da se testo enakomerno obarva.
d) V skledi za mešanje zmešajte narezano svinjino s preostalo čilijevo omako.
e) Tamales napolnite, zložite in kuhajte na pari, kot je opisano v razdelku »Polnjenje in kuhanje tamalejev v sopari« v receptu za tamale iz buč Oaxacan , pri čemer uporabite približno 1/4 skodelice narezane svinjske mešanice na sredino koruznega lupine .

55. Buče in lisičke tamale

SESTAVINE:
POLNJENJE:
- 1 majhna buča (približno 2 1/2 lbs)
- 3 žlice olivnega olja
- Sol in poper po okusu
- 1/2 funta gob lisičk
- 2 por (samo bel, bledo zelen), narezan na tanke rezine
- 1 strok česna, mlet
- 1/3 skodelice belega vina
- 2 čajni žlički pireja v adobo omaki

MASA:
- 2 1/4 skodelice tople vode
- 1/2 skodelice Masa harina
- 1 skodelica hladnega masla, narezanega
- 2 žlički pecilnega praška
- 1 1/3 skodelice mleka
- 2 žlički soli
- Polnjenje in kuhanje na pari:
- 24 koruznih lusk plus dodatno

NAVODILA:
POLNJENJE:

a) Bučo olupimo in ji odstranimo semena, narežemo na 1/2-palčne kocke.

b) Bučo prelijemo z 1,5 žlice olivnega olja, soljo in poprom. Pečemo na pekaču pri 400 stopinjah, dokler se ne zmehčajo, 15 do 20 minut.

c) Gobe očistite z vlažno krpo in narežite.

d) V ponvi na srednjem ognju segrejte 2 žlički oljčnega olja. Dodamo por in česen; kuhamo toliko časa, da se por zmehča, približno 15 minut. Začinimo s soljo in poprom.

e) V isti ponvi na močnem ognju segrejte še 2 žlički oljčnega olja. Dodamo narezane gobe in kuhamo do mehkega. Prilijemo belo vino in kuhamo, dokler tekočina ne pokuha.

f) Posolimo. Pečeno bučo in por vrnite v ponev in kuhajte na srednjem ognju 2 do 3 minute, mešajte, da se povežeta.

g) Vmešajte čipotle pire, začinite po okusu. Ohladimo na sobno temperaturo.

MASA:

h) harino vmešajte vročo vodo, da oblikujete testo. Kul.

i) Z električnim mešalnikom stepajte maslo in pecilni prašek, dokler ne postanejo rahli in puhasti, približno 2 minuti.
j) harino dodajajte postopoma in med dodajanjem dobro stepajte. Večkrat postrgajte po stenah sklede.
k) Nadaljujte s stepanjem, počasi dodajajte mleko in sol.
l) Dobro stepajte, dokler se ne združi, približno 15 minut. Hladite vsaj 1 uro.

POLNJENJE IN DUŠENJE:
m) Koruzno lupino namočite v vrelo vodo, dokler ni mehka in prožna, približno 30 minut ali čez noč v hladni vodi.
n) Uporabite velike luščine, da zavijete tamale, manjše luščine pa prihranite za zavezovanje koncev tamalejev in oblaganje dna kuhalnika za paro.
o) Koruzno lupino posušite. Postavite na delovno površino z ozkim koncem na dnu.
p) Velikodušno 1/4 skodelice mase položite na sredino lupine in jo razporedite v 4-palčni kvadrat, pri čemer pustite rob okoli mase.
q) Zvrhano jedilno žlico nadeva položite v trak na sredino mase.
r) Luščino po dolžini prepognemo na pol , tako da oba dolga robova združimo in objamemo nadev.
s) Robove lupine zavijte v isto smer okoli mase. Spodnji ozek del luščine prepognemo navzgor, da zapremo odprtino, in okoli tamale zavežemo trak luščine, ki drži prepognjeno loputo. Zgornji del bo ostal odprt.
t) Tamale lahko kuhate na pari v kuhalniku riža ali loncu z rešetko za kuhanje na pari. Prepričajte se, da je v loncu ali soparniku dovolj vode za neprekinjeno paro 1 uro.
u) Rešetko za kuhanje v pari obložite z dodatnimi koruznimi luščinami . Postavite tamale pokonci na prepognjene konce na stojalo. Uporabite dodatne lupine ali ohlapno zmečkano folijo, da zapolnite morebitne prostore, da bodo tamale ostale pokončne.
v) Po vrhu tamalejev položite še nekaj lupin. Pokrijte in dušite na zmernem ognju približno 1 uro.
w) Pustite tamale stati nekaj minut, da se ohladijo, preden jih postrežete. Razporedite na krožnik za serviranje.

56.Začinjeni gobji tamales

SESTAVINE:

- 1/2 paketa (8 unč) posušenih koruznih lusk
- 1/2 skodelice zaseke ali zelenjavne masti, ohlajene (do 2/3 skodelice)
- 1 čajna žlička pecilnega praška
- 2 skodelici grobo mlete mase za tamale ali 1 3/4 skodelice posušene mase harine za tamale, pomešane z 1 skodelico in 2 žlicama vroče vode, nato pustite, da se ohladi
- 2/3 skodelice hladne piščančje juhe in do 1/3 skodelice za neobvezno drugo stepanje
- 2 žlički soli (do)
- 2 srednje velika okrogla zrela paradižnika
- 3 srednje veliki sveži poblano čiliji
- 1 žlica rastlinskega ali oljčnega olja
- 1 majhna bela čebula, narezana
- 2 stroka česna, drobno sesekljana
- 1/4 čajne žličke posušenega origana, po možnosti mehiškega
- 1/4 čajne žličke posušenega timijana
- 4 skodelice narezanih gob (šitake, lisičke ali katera koli divja goba), odstranjenim pecljem

NAVODILA:

a) V velikem loncu zavrite koruzno lupino v vodi, da je pokrito. Obtežite jih s krožnikom, da ostanejo potopljeni in pustite stati kakšno uro.

b) Z električnim mešalnikom stepamo ohlajeno mast s pecilnim praškom do rahle teksture, približno 1 minuto. Nadaljujte s stepanjem, ko trikrat dodate maso.

c) Počasi prilijte izdatno 1/2 skodelice juhe in ves čas stepajte. Nadaljujte s stepanjem še eno minuto, dokler 1/2 čajne žličke testa ne priplava v skodelici hladne vode.

d) Stepite še dovolj juhe, da dobi mešanica konsistenco mehkega (ne tekočega) testa za torte. V žlici mora mehko držati obliko. Začinite s soljo, običajno 1 pična žlička. Okusite in po potrebi ponovno začinite.

e) Za najlažjo teksturo tamales testo postavite v hladilnik za eno uro ali več, nato ponovno stepite in dodajte dovolj dodatne tekočine, da zmes doseže prejšnjo konsistenco.

f) Predgrejte brojlerja in rešetko postavite 4 cm od ognja. Paradižnike položite na pekač in pražite, dokler ne počrnijo in na eni strani ne naredijo mehurjev, približno 6 minut. Obrnite in popecite še drugo stran. Olupite in grobo sesekljajte, zberite ves sok s paradižnikom. Dati na stran.

g) Poblano čilije pražite neposredno nad plinskim ognjem ali pod brojlerjem, dokler ne počrnijo z vseh strani, približno 5 minut na odprtem ognju ali 10 minut za brojlerje. Pokrijemo s kuhinjsko krpo in pustimo stati 5 minut. Olupite, izvlecite stebla in semenski strok, nato na kratko sperite, da odstranite koščke lupine in semen. Narežite na 1/4-palčne trakove. Dati na stran.

h) V veliki ponvi segrejte olje na srednje močnem ognju. Dodamo čebulo in med rednim mešanjem pražimo, dokler ni lepo porjavela, a še vedno rahlo hrustljava, približno 5 minut. Dodajte česen in zelišča, premešajte še minuto, nato vmešajte čili, paradižnik in gobe.

i) Kuhajte, redno mešajte, dokler se vse ne zreducira v gosto zmes, ki zlahka drži obliko v žlici, približno 5 minut. Začinite s soljo, po okusu, približno 1 čajna žlička, in ohladite.

j) Izberite 16 lepih koruznih lupin za oblikovanje tamalejev, nato pa uporabite 2/3 preostalega, da obložite soparnik (potrebovali boste enega, ki je globok vsaj 4 centimetre – mehiški soparnik tamale ali soparnik za zelenjavo v globokem loncu); napolnite dno soparnika z 1 do 2 cm vode.

k) Natrgajte 16 dolgih, 1/4-palčnih širokih trakov koruznih lusk za vezanje tamalejev.

l) Enega za drugim oblikujte tamale: lupino položite pred seboj, jo rahlo posušite, nato razporedite približno pičlo 1/4 skodelice testa na 4-palčni kvadrat, pri čemer pustite vsaj 1 1/2-palčni rob. na koničastem koncu lupine in 3/4-palčno obrobo vzdolž drugih strani.

m) Na sredino testa z žlico položite dobri 2 žlici nadeva.

n) Dvignite obe dolgi strani lupine in ju združite (to bo povzročilo, da se bo testo valjalo okoli nadeva in ga objelo). Zavihke lupine zvijte v isto smer okoli tamalejev. Če lupina ni dovolj velika, jo zavijte še v kakšen kos.

o) Zavihajte koničasti konec in pritrdite z dolgimi trakovi luščine. Postavite v soparnik s prepognjeno stranjo navzdol. Lonec pokrijte in zavrite, luščine kuhajte na pari 1 do 1 1/4 ure, pazite, da voda enakomerno vre in nikoli ne zmanjka.

57. Tamales iz sladkega krompirja

SESTAVINE:
- 20 posušenih koruznih olupkov
- 1½ skodelice koruznih zrn
- 1 srednja čebula
- 1 skodelica razmaščene piščančje juhe
- 1½ žlice margarine
- 1¼ skodelice rumene koruzne moke
- 2 srednje velika kuhana sladka krompirja, narezana na kocke in odcejena
- Sveže mleti črni poper
- Pomarančno-medeno maslo:
- 1 skodelica pomarančnega soka
- 2 žlici medu
- 1 žlica svetle margarine (zmehčane)
- Črni poper, po okusu

NAVODILA:
a) Lupine operemo in namočimo 2 uri v topli vodi.
b) Koruzo, čebulo in juho pretlačite v pire. Prestavimo v skledo in narežemo na margarino. S prsti vmešajte koruzni zdrob in poper (po okusu), dokler se margarina ne zmeša. Pretlačite sladki krompir.
c) Odcedite 16 lupin in jih posušite. Preostale lupine natrgajte na 1 cm široke trakove za povezovanje koncev. Položite 2 luščini ravno, s stožčastimi konci obrnjenimi navzven in s širokima dnoma, ki se prekrivata približno 3 centimetre.
d) Na sredino postavite ½ skodelice mešanice koruzne moke. Povlecite dolge stranice navzgor, rahlo prekrivajte, in potapkajte, da zaprete. Konce zavežite s trakovi iz koruznega lupine in obrežite konce.
e) Posamezne plasti tamalejev, tesno pokrite, kuhajte na rešetki nad vrelo vodo 45 minut.
f) Za serviranje zarežite vrhove in konce potisnite proti sredini, da bo nadev viden.
g) Pomarančno-medeno maslo:
h) Zavremo 1 skodelico pomarančnega soka in zmanjšamo na ⅓ skodelice. Odstranite z ognja in pustite, da se ohladi.
i) Stepite 2 žlici medu, 1 žlico svetle margarine (zmehčane) in črni poper po okusu.
j) Tamales iz sladkega krompirja postrezite s kančkom pomarančno-medenega masla na vrhu. Uživajte!

58.Površni Joe Tamales

SESTAVINE:
MASA TESTO:
- 1 Osnovni recept za Masa Testo

POLNJENJE:
- 18 Koruzni olupki ali pergamentni papir
- 1 funt Tempeh burgerji, pripravljeni, zdrobljeni
- 1 1/2 skodelice paradižnikove paste
- 2 žlički rjavega riževega kisa
- 3 žličke tamarija
- 5 žličk olja oljne repice ali žafranike
- 3 žlice posušenih čebulnih kosmičev
- 2 žlički origana
- 1 1/2 čajne žličke bazilike

NAVODILA:
POLNJENJE:
a) Zmešajte vse sestavine za nadev v mešalni posodi.
b) Mešajte, da se združi.

SESTAVLJANJE IN KUHANJE:
c) Napolnite in skuhajte tamale v skladu z "Tamales: osnovni postopek."
d) Uživajte v Sloppy Joe Tamales!

59.Squash 'n' Tamales iz arašidovega masla

SESTAVINE:
- 1 Osnovni recept za Masa Testo
- 1 srednja kaboča ali maslena buča
- Ščepec soli
- 18 Koruzni laski
- 1/4 skodelice arašidovega masla

NAVODILA:

a) Bučo operemo, vendar pustimo kožo. Prerežite ga na pol, odstranite in zavrzite semena.

b) Bučo narežemo na kocke in jo položimo na kovinsko kuhalno posodo (z mesom navzgor). Bučo potresemo s soljo in kuhamo na pari nad hitro vrelo vodo, dokler se ne zmehča, približno 20 do 25 minut.

c) Odstavite z ognja in bučo pretlačite v kuhinjskem robotu.

d) Pripravite osnovno testo Masa po receptu.

e) Napolnimo in skuhamo tamale.

60.iz blitve z zeliščno omako Tomatillo

SESTAVINE:
TAMALES:
- 3 glavice rdeče ali bele blitve
- 1 žlica masla
- Sol
- 1 funt sveže koruzne mase
- 1 žlica pecilnega praška
- ¼ skodelice masla, stopljenega
- voda
- ¼ skodelice Creme fraiche (ali 1/4 skodelice močne smetane za stepanje in 1 žlica kisle smetane)
- 1 skodelica tople vode

TOMATILO-ZELIŠČNA OMAKA:
- ¾ funta Tomatillos
- 1 Serrano čili
- 1 čebula, grobo sesekljana
- 1 strok česna, sesekljan
- 20 vejic cilantra
- 20 vejic ploščatega peteršilja
- 20 vejic vodne kreše ali enake količine cilantra in peteršilja
- 1 žlica olja
- 1 čajna žlička soli
- ⅛ čajne žličke sladkorja (neobvezno)
- Sol

NAVODILA:
TAMALES:
a) Blitvi odstranimo 10 do 12 največjih listov. Ločite stebla od majhnih listov in jih narežite na tanke paličice.

b) Vso blitvo blanširajte v velikem loncu osoljene vrele vode, dokler se ne zmehča, 3 do 5 minut. Odcedite in sperite pod hladno vodo, da nehate kuhati. Ponovno odcedite.

c) Stebla in manjše liste nasekljajte. Če se listi začnejo trgati, preden se stebla zmehčajo, jih odstranite iz vode, nato pa stebla ločeno kuhajte v 1 žlici masla, dokler se ne zmehčajo.

d) Blitvo položite na papirnate brisače, nežno porazdelite odprte liste in popivnajte liste in stebla.

e) V srednji skledi zmešajte maso, pecilni prašek, ½ čajne žličke soli, stopljeno maslo in creme fraiche. Po potrebi dodajte do 1 skodelico vode, da masa postane mokra, mehka konsistenca, podobna polgosti glazuri za torte.
f) 8 velikih listov blitve z lopatko razporedite približno 2 žlici mase . Na maso dodamo sesekljane liste in stebla.
g) Čez nadev zložimo liste kot majhne ovojnice. Zakrpajte luknje z ostanki blitve ali jih po potrebi dvakrat zavijte, da prekrijete maso. Ne skrbite, če je nekaj mase izpostavljeno; med kuhanjem se bo utrdilo.
h) Tamales kuhajte na pari nad vrelo vodo 20 minut. Preizkusite pripravljenost tako, da odstranite 1 tamale in poskusite. Nadev mora biti na otip rahlo mehak, brez okusa po pecilnem prašku. Če ni končano, kuhajte na pari dodatnih 5 do 10 minut. Ne prekuhajte.
i) Postrezite na toplem krožniku s toplo zeliščno omako Tomatillo.

TOMATILO-ZELIŠČNA OMAKA:
j) Kuhajte paradižnike, čili Serrano , čebulo in česen v vodi, da so pokriti, dokler se paradižniki ne zmehčajo, približno 5 minut. Odcedite in prihranite tekočino za kuhanje.
k) V mešalniku pretlačite v pire in po potrebi dodajte nekaj prihranjene tekočine za kuhanje, da se gladko zmeša. Dodajte koriander, peteršilj in vodno krešo ter stročnice. Zelišča morajo ohraniti nekaj teksture.
l) V ponvi na srednjem ognju segrejte olje. Ko je vroče, dodajte pretlačeno zmes in kuhajte, dokler se rahlo ne zgosti, približno 15 minut.
m) Dodajte do 1 čajno žličko soli po okusu. Če se vam zdi omaka grenka, dodajte sladkor.
n) Za serviranje ponovno segrevajte tamale nad vodo na pari 2 minuti. Na krožnik položite 1 ali 2 tamala in tamale prelijte z majhno količino zeliščne omake Tomatillo ali pa naredite posteljico iz omake in nanjo položite tamale. Na mizo dajte dodatno omako.

61.Tamales z vegetarijanskim chorizom

SESTAVINE:
ZA POLNILO:
- 1 serija osnovnega testa Masa (glejte recept spodaj)
- 18 koruznih lusk ali pergamentni papir
- 1 funt tempeha
- 1 kos alg ali kombuja (8 palcev)
- 3½ skodelice vode
- ½ skodelice tamari ali sojine omake
- 2 majhni posušeni rdeči papriki, zdrobljeni
- 6 strokov česna, mletega
- 1 žlica čilija v prahu
- 2 žlički kumine v prahu
- 2 žlički žajblja
- 1 čajna žlička timijana
- 1 čajna žlička semen komarčka, praženih in zdrobljenih
- 2 žlički jabolčnega kisa

OSNOVNO TESTO ZA MASO:
- 3 skodelice masa harina
- 1 ½ žličke pecilnega praška
- 1 ½ čajne žličke soli
- 1 ½ skodelice zelenjavne juhe
- 1 skodelica zelenjavne masti ali masti, zmehčane

NAVODILA:
ZA POLNILO:
a) Tempeh in alge kuhajte pod pritiskom v vodi in tamariju ter kuhajte 30 minut pod pritiskom. Preostalo tekočino skuhajte v tempeh.
b) ALI
c) Tempeh, tamari in alge dajte v 4½ skodelice vrele vode in kuhajte približno 1 uro, dokler se voda ne vpije. Tempeh in kobilice pretlačite v skledo in zmešajte s preostalimi sestavinami.
d) Za sestavljanje in kuhanje:
e) Nadevajte masa testo (uporabite samo 1 ½ žlice nadeva) in skuhajte v skladu s spodnjim "Tamales: Osnovni postopek".

OSNOVNO TESTO ZA MASO:
f) V veliki skledi zmešajte maso harina , pecilni prašek in sol.
g) Postopoma dodajte zelenjavno juho in mešajte, da se združi.
h) V ločeni skledi stepite zelenjavno mast ali mast, dokler ni puhasta.

i) Masi dodamo stepeno mast/mast in dobro premešamo.
j) Masa mora biti mehka in mazljiva. Po potrebi dodamo še juho.

ZA SESTAVLJANJE TAMALES:
k) Koruzno lupino namočite v toplo vodo za približno 30 minut, dokler ni prožna.
l) Na sredino koruznih lupin razporedite približno 2 žlici masa testa.
m) Na sredino mase dodajte 1 ½ žlice vegetarijanskega chorizo nadeva.
n) Strani koruznega ličja zapognemo čez nadev in zavihamo spodnji del. Zavarujte s trakom koruznega ličja.
o) Tamale postavite v soparnik in kuhajte na pari približno 1 uro oziroma dokler masa ni kuhana.
p) Postrezite toplo in uživajte v vegetarijanskih Chorizo Tamales!
q) Če pripravljate chorizo vnaprej, ga pokrijte in shranite v hladilniku, da se okusi razvijejo.
r) Namesto tempeha lahko uporabite tofu, ki je bil vsaj 2 dni zamrznjen (odmrznjen in ožet, da odstranite odvečno vodo) ali 1 ⅔ skodelice kuhanega, pretlačenega fižola v zrnju, pomešanega s ⅓ skodelice sesekljanih orehov.

62. Čile Relleno Tamales

SESTAVINE:
- 2 paradižnika, narezana na kocke
- 2 chipotle čilija v konzervi v adobo omaki, mleta
- 2 žlici cilantra, mletega
- 2 žlici mlete čebule
- ¼ čajne žličke soli
- 5 anaheimskih čili paprik
- 22 koruznih lupin, namočenih v vroči vodi, dokler niso prožni
- Masa testo za slane tamale (glej recept spodaj)
- ⅔ skodelice narezanega belega sira (Monterey Jack, dimljena mocarela ali jalapeno sojin sir)
- 4 kosi koruznega ličja (za vezanje)

MASA TESTO ZA SLATNE TAMALE:
- 3 skodelice masa harina
- 2 žlički pecilnega praška
- 1 čajna žlička soli
- 1 skodelica zelenjavnega masti
- 2 ½ do 3 skodelice tople zelenjavne juhe

NAVODILA:
a) V veliki skledi za mešanje zmešajte maso harino, pecilni prašek in sol.
b) V ločeni skledi stepite zelenjavno mast, dokler ni puhasta.
c) Postopoma dodajajte mešanico masa harina, izmenično s toplo zelenjavno juho, nenehno stepajte, dokler ne dobite lahkega, puhastega testa.
d) Navodila za Chile Relleno Tamales:
e) V srednji skledi zmešajte na kocke narezan paradižnik, mlet chipotle čili, koriander, mleto čebulo in sol. Mešajte, dokler se dobro ne zmeša. Pokrijte in ohladite vsaj 1 uro.
f) V vsakem Anaheim čiliju zarežite majhno zarezo. Čilije pražite na odprtem ognju ali pod brojlerjem, dokler lupine ne postanejo temno rjave. Pečene čilije položite v papirnato vrečko in jih 5 minut kuhajte na pari. Čilije ohladimo, olupimo in odstranimo semena. Vsak čili narežemo na koščke.
g) Natrgajte 2 koruzni lupini na 16 dolgih trakov za vezanje tamale; dati na stran.
h) Če želite sestaviti tamale, razporedite 1 do 2 žlici masa testa na sredino vsake luščine, tako da oblikujete pravokotnik in pustite stranice, vrh in dno

luščine izpostavljene. Čez maso položimo 1 kos pečenega čilija in 2 kocki sira. Čez nadev razporedimo še eno žlico masa testa.

i) Koruzni ličnjak prepognemo čez nadev in testo za maso, začenši z desno in levo stranjo ter končamo z nezašiljenim koncem luščin. Zvežite "paket" tamale skupaj s trakovi koruznega ličja , tako da zagotovite, da je nadev popolnoma zaprt in da so trakovi varno zavozlani.

j) Tamale postavite v soparnik nad vrelo vodo in pazite, da se ne dotikajo. Pokrijte in dušite 1 uro na srednje močnem ognju, po potrebi dodajte več vode.

k) Čile Relleno Tamales postrezite vroče in uživajte!

63.Čili Colorado Tamales (zeleni čili tamales)

SESTAVINE:

- 2 skodelici goveje juhe
- 2 ¼ litra blagega čilija v prahu
- 1 ⅛ skodelice pekočega čilija v prahu
- 2 ¼ litra masti
- 4 litre moke
- 36 funtov narezane govedine
- 12 litrov rdeče čilijeve omake (npr. Las Palmas)
- 9 kvartov mase
- 2 ¼ litra stopljene masti
- 12 funtov koruznih lusk (približno 1 ducat)
- 144 listov povoščenega papirja velikosti 12"x12".
- ¼ skodelice soli
- ¼ skodelice origana
- ¼ skodelice česna v prahu
- ¼ skodelice črnega popra
- 12 litrov grobo sesekljanih črnih oliv
- 1 ½ vsake pt pecilnega praška
- 1 ½ litra solnega popra
- Masa mešanica

NAVODILA:
ZA POLNILO:
a) Govejo juho zmešajte z obema čilijem v prahu in dodajte preostale sestavine za nadev.
b) Kuhajte 1 uro in pustite, da se ohladi. Tako je dovolj nadeva za več deset tamal in jih je mogoče zamrzniti.
c) Za mešanico Masa:
d) Ko ste pripravljeni za pripravo tamalesa, zmešajte maso, mast, pecilni prašek in sol. Stepamo z električnim mešalnikom.
e) Če je zmes pregosta, dodajte špansko čili omako ali govejo juho, da se navlaži. Konzistenca mora biti podobna pšenični smetani.

ZA PRIPRAVO TAMALESA:
f) Sledite navodilom za zelene koruzne tamale za zlaganje in zvijanje.
g) Uporabite približno 2 žlici mase na koruznem olupku, nato pa dodajte 1,5 do 2 žlici mešanice za nadev.
h) Sestavljanje tamalejev:
i) Na ravno površino položite koruzno lupino.

j) Na lupino razporedite približno 2 žlici mase.
k) Na sredino mase dodamo 1,5 do 2 žlici nadeva.
l) Strani lupine prepognite čez nadev in maso, nato prepognite zgornji in spodnji del, da ustvarite zaprt paket.
m) Zvežite tamale s trakovi koruznega ličja .
n) niso sestavljene vse tamale .

KUHANJE TAMALEJEV NA PARI:
o) Tamale razporedite v soparnik nad vrelo vodo in pazite, da se ne dotikajo.
p) Kuhajte na pari približno 1 uro.
q) Občasno preverite nivo vode in po potrebi dodajte več vode.
r) Chili Colorado Tamales postrezite vroče in uživajte!

64. Tamales iz črnega fižola in koruze

SESTAVINE:
- 2 skodelici masa harina
- 1 skodelica zelenjavne juhe
- 1 skodelica črnega fižola (kuhanega)
- 1 skodelica koruznih zrn
- 1/2 skodelice na kocke narezane paprike (poljubne barve)
- 1/4 skodelice sesekljanega cilantra
- 1 čajna žlička kumine
- 1 čajna žlička čilija v prahu
- Sol po okusu
- Koruzni olupki, namočeni v vodi

NAVODILA:
a)   V skledi zmešajte masa harino z zelenjavno juho, dokler ne nastane testo.
b)   Dodajte črni fižol, koruzo, papriko, koriander, kumino, čili v prahu in sol. Dobro premešaj.
c)   Vzamemo namočen koruzni ličnjak , ga namažemo s tanko plastjo mase, prepognemo in zavežemo s trakom koruznega ličja.
d)   Tamales kuhajte na pari 45-60 minut.

65. Tamales s špinačo in sirom

SESTAVINE:
- 2 skodelici masa harina
- 1 skodelica zelenjavne juhe
- 1 skodelica sveže narezane špinače
- 1/2 skodelice naribanega sira (cheddar ali Monterey Jack)
- 1/4 skodelice narezane zelene čebule
- 1/4 skodelice sesekljanega svežega cilantra
- Sol po okusu
- Koruzni olupki, namočeni v vodi

NAVODILA:
a) harino zmešajte z zelenjavno juho, dokler ne nastane testo.
b) Dodajte špinačo, sir, zeleno čebulo, koriander in sol. Dobro premešaj.
c) Vzamemo namočen koruzni ličnjak, namažemo maso, prepognemo in zavežemo s trakom koruznega ličja.
d) Tamales kuhajte na pari 45-60 minut.

66.Sladki krompir in poblano tamales

SESTAVINE:
- 2 skodelici masa harina
- 1 skodelica zelenjavne juhe
- 1 skodelica pire sladkega krompirja
- 1/2 skodelice na kocke narezane pečene poblano paprike
- 1/4 skodelice sesekljanega svežega cilantra
- 1 čajna žlička mlete kumine
- Sol po okusu
- Koruzni olupki, namočeni v vodi

NAVODILA:
a) zmešajte masa harino in zelenjavno juho, da oblikujete testo.
b) Zmešajte sladki krompir, poblano papriko, koriander, kumino in sol.
c) Vzamemo namočen koruzni ličnjak , namažemo maso, prepognemo in zavežemo s trakom koruznega ličja.
d) Tamales kuhajte na pari 45-60 minut.

67. Gobe in Salsa Verde Tamales

SESTAVINE:
- 2 skodelici masa harina
- 1 skodelica zelenjavne juhe
- 1 skodelica gob, drobno sesekljanih
- 1/2 skodelice zelene salse
- 1/4 skodelice sesekljanega svežega cilantra
- 1 čajna žlička kumine
- Sol po okusu
- Koruzni olupki, namočeni v vodi

NAVODILA:
a) Maso harino in zelenjavno juho mešajte, dokler ne nastane testo.
b) Dodajte gobe, salsa verde , koriander, kumino in sol. Dobro premešaj.
c) Vzamemo namočen koruzni ličnjak , namažemo maso, prepognemo in zavežemo s trakom koruznega ličja.
d) Tamale kuhajte na pari 45-60 minut.

SLADICA TAMALES

68. Sveži malinov tamales s kremno omako

SESTAVINE:
- ½ skodelice masla
- 2½ skodelice masa harina
- 2 žlički pecilnega praška
- ¼ čajne žličke soli
- ½ skodelice sladkorja
- 1 skodelica vrele vode
- 1½ skodelice sladke koruzne zrnje, pire
- 1½ skodelice malin, pretlačenih in pretlačenih
- 1 čajna žlička vanilije
- ½ skodelice zlatih rozin (*glej opombe)
- ½ skodelice mandljev, opečenih in sesekljanih
- 1 žlica kandirane limonine lupinice (neobvezno), mleta
- Ingverjeva kremna omaka (recept sledi)

OKRAS:
- Sveže maline
- Metine vejice

INGVERJEVA KRAJŠNA OMAKA:
- 2 skodelici težke smetane
- 1 skodelica mleka
- 1 skodelica sladkorja
- 8 velikih rumenjakov
- 1 žlica koruznega škroba
- 1 žlica svežega naribanega ingverja

NAVODILA:
a) V skledi električnega mešalnika z lopatico stepajte maslo, da postane svetlo in puhasto (4-5 minut).
b) Dodajte maso, pecilni prašek, sol in sladkor ter mešajte, dokler se ne zmeša.
c) Dodamo vodo, koruzni pire, malinov pire in vanilijo. Mešajte le toliko časa, da se združita. Testo mora biti rahlo in zelo vlažno.
d) Testo razporedite po namočenih koruznih olupkih v kvadrat debeline približno ¼ palca.
e) Na sredino porazdelite nekaj rozin, mandljev in kandirane limonine lupinice ter zvijte v valjasto obliko.
f) Zavežite ali prepognite konce lupin, da obdate tamale.
g) Tamales kuhajte na pari 30 minut.

h) Postrezite toplo z nekaj ingverjeve kremne omake in okrasite s svežimi jagodami in metinimi vejicami.
Ingverjeva kremna omaka:
i) V srednje veliki ponvi zmešajte smetano, mleko in sladkor. Segrevajte na srednjem ognju, dokler ne zavre.
j) V ločeni skledi stepemo rumenjake in koruzni škrob do gladkega.
k) Mešanico vroče smetane počasi vlijte v rumenjakovo zmes in neprestano mešajte, da se ne strdi.
l) Mešanico vrnite v ponev in kuhajte na majhnem ognju ob stalnem mešanju, dokler se krema ne zgosti toliko, da lahko premažete hrbtno stran žlice.
m) Odstavite z ognja in vmešajte nariban svež ingver.
n) Kremo precedite skozi sito z drobnimi mrežicami v skledo, da odstranite vse koščke kuhanega jajca.
o) Pustite, da se krema ohladi na sobno temperaturo in nato v hladilniku, dokler ni pripravljena za serviranje.
p) Uživajte v svežih malinah Tamales z ingverjevo kremno omako!

69.Tamales iz arašidovega masla in želeja

SESTAVINE:
- 1 Osnovni recept za masa testo
- 18 Koruzni olupki ali pergamentni papir
- 1 skodelica sadno sladkane marmelade
- 1 skodelica nesladkanega arašidovega masla

NAVODILA:
NAREDITE NADEV:
a) Zmešajte s sadjem sladkano marmelado in nesladkano arašidovo maslo.
SESTAVITE TAMALE:
b) Sledite "Tamales: osnovni postopek", da sestavite tamale.
c) Kuhajte tamales:
d) Tamales skuhamo po osnovnem postopku.
e) Postrezite:
f) Ko je kuhan, postrezite tamale iz arašidovega masla in želeja.
g) Uživajte v svojem edinstvenem pridihu tradicionalnih tamalejev s to sladko in slano kombinacijo!

70. Pina Colada Tamales

SESTAVINE:
- ½ skodelice posušenega bananinega čipsa
- ¼ skodelice narezanih mandljev
- ¼ skodelice sladkanih kokosovih kosmičev
- 22 Koruznih lupin, namočenih v vroči vodi, dokler niso prožni
- 1 serija Masa za sladke tamale (glejte recept spodaj)
- 2 skodelici svežih koščkov ananasa, razdeljenih
- ½ skodelice ananasovo-kokosovega soka ali drugega soka iz tropskega sadja
- 1 žlica rjavega sladkorja
- ½ skodelice stepene smetane (neobvezno)
- 1 žlica limetine lupinice

MASA ZA SLADKE TAMALE:
- ½ skodelice pakiranega rjavega sladkorja
- ½ skodelice zelenjavne masti
- 2 skodelici Masa harina
- ½ čajne žličke soli
- ¾ skodelice sadnega soka (ananasov-kokosov sok za ta recept)
- 1 čajna žlička pecilnega praška

NAVODILA:
PRIPRAVITE MASO:
a) V skledi za mešanje zmešajte rjavi sladkor in zelenjavno mast.
b) V ločeni skledi zmešajte maso harino in sol.
c) Izmenično stepajte mešanico mase in sadni sok ter dodajte ravno toliko tekočine, da nastane čvrsto testo.
d) Stepite pecilni prašek.

PRIPRAVITE NADEV:
e) V kuhinjskem robotu ali mešalniku obdelajte bananin čips, dokler ni drobno sesekljan.
f) Zmešajte sesekljan bananin čips z naribanimi mandlji in sladkanimi kokosovimi kosmiči.

SESTAVITE TAMALE:
g) Na sredino vsake koruzne lupine razporedite 1 žlico masa testa, da oblikujete pravokotnik, pri čemer pustite stranice, zgornji in spodnji del lupine izpostavljene.
h) Po masi potresite 1 do 2 čajni žlički mešanice bananinega čipsa in vanjo vtisnite 1 kos ananasa.

i) Čez nadev razporedimo še eno žlico masa testa.
j) Čez nadev prepognemo koruzni ličnjak tako, da začnemo z desno in levo stranjo in končamo s spodnjim delom brez koničastega ličja.
k) Zvežite "paket" tamale skupaj s trakovi koruznega ličja , tako da zagotovite, da je nadev popolnoma zaprt in da so trakovi varno zavozlani.

STEAM TAMALES:
l) Tamale postavite v soparnik nad vrelo vodo, tako da se ne dotikajo drug drugega.
m) Pokrijte in dušite 1 uro in 15 minut na srednje močnem ognju, po potrebi dodajte več vode.

PRIPRAVA ANANASOVE OMAKE:
n) Medtem ko se tamali kuhajo na pari, dajte preostalo 1 skodelico koščkov ananasa v kuhinjski robot ali mešalnik z ananasovo-kokosovim sokom in sladkorjem.
o) Postopek do gladkega.
p) Ko so kuhani, tamale razrežite in vsakega prelijte z ananasovo omako.
q) Po želji prelijemo s stepeno smetano in potresemo z limetino lupinico.
r) Uživajte v tropskih okusih Pina Colade Tamales!

71.Tamales iz čokolade in jagod

SESTAVINE:
- 2 skodelici masa harina
- 1 skodelica zelenjavne juhe
- 1/2 skodelice nesladkanega kakava v prahu
- 1/2 skodelice sladkorja
- 1 skodelica svežih jagod, narezanih na kocke
- 1/2 skodelice čokoladnih koščkov
- 1 čajna žlička vanilijevega ekstrakta
- Ščepec soli
- Koruzni olupki, namočeni v vodi

NAVODILA:
a) harino zmešajte z zelenjavno juho, dokler ne nastane testo.
b) Dodajte kakav v prahu, sladkor, jagode, čokoladne koščke, vanilijev ekstrakt in sol. Dobro premešaj.
c) Vzamemo namočen koruzni ličnjak , namažemo maso, prepognemo in zavežemo s trakom koruznega ličja.
d) Tamales kuhajte na pari 45-60 minut.

72. Ananas-kokos tamales

SESTAVINE:
- 2 skodelici masa harina
- 1 skodelica kokosovega mleka
- 1/2 skodelice sladkorja
- 1 skodelica zdrobljenega ananasa, odcejenega
- 1/2 skodelice naribanega kokosa
- 1 čajna žlička vanilijevega ekstrakta
- Ščepec soli
- Koruzni olupki, namočeni v vodi

NAVODILA:
a) Zmešajte maso harino s kokosovim mlekom, dokler ne nastane testo.
b) Dodamo sladkor, zdrobljen ananas, nastrgan kokos, ekstrakt vanilije in sol. Dobro premešaj.
c) Vzamemo namočen koruzni ličnjak , namažemo maso, prepognemo in zavežemo s trakom koruznega ličja.
d) Tamales kuhajte na pari 45-60 minut.

73. Tamales s cimetom in rozinami

SESTAVINE:
- 2 skodelici masa harina
- 1 skodelica mandljevega mleka
- 1/2 skodelice sladkorja
- 1/2 skodelice rozin
- 1 čajna žlička mletega cimeta
- 1/2 čajne žličke vanilijevega ekstrakta
- Ščepec soli
- Koruzni olupki, namočeni v vodi

NAVODILA:
a) harino zmešajte z mandljevim mlekom, dokler ne nastane testo.
b) Dodamo sladkor, rozine, cimet, ekstrakt vanilije in sol. Dobro premešaj.
c) Vzamemo namočen koruzni ličnjak , namažemo maso, prepognemo in zavežemo s trakom koruznega ličja.
d) Tamales kuhajte na pari 45-60 minut.

74.Mango in kokosova krema Tamales

SESTAVINE:
- 2 skodelici masa harina
- 1 skodelica kokosove smetane
- 1/2 skodelice sladkorja
- 1 skodelica na kocke narezanega zrelega manga
- 1/4 skodelice naribanega kokosa
- 1 čajna žlička vanilijevega ekstrakta
- Ščepec soli
- Koruzni olupki, namočeni v vodi

NAVODILA:
a) harino zmešajte s kokosovo smetano, dokler ne nastane testo.
b) Dodamo sladkor, na kocke narezan mango, nastrgan kokos, vanilijev ekstrakt in sol. Dobro premešaj.
c) Vzamemo namočen koruzni ličnjak , namažemo maso, prepognemo in zavežemo s trakom koruznega ličja.
d) Tamales kuhajte na pari 45-60 minut.

75.Jabolčni in karamelni tamales

SESTAVINE:
- 2 skodelici masa harina
- 1 skodelica jabolčnega soka
- 1/2 skodelice rjavega sladkorja
- 1 skodelica narezanih jabolk
- 1/2 skodelice sesekljanih pekanov
- 1 čajna žlička cimeta
- Ščepec soli
- Koruzni olupki, namočeni v vodi

NAVODILA:
a) harino zmešajte z jabolčnim sokom, dokler ne nastane testo.
b) Dodajte rjavi sladkor, narezana jabolka, sesekljane pekan orehe, cimet in sol. Dobro premešaj.
c) Vzamemo namočen koruzni ličnjak , namažemo maso, prepognemo in zavežemo s trakom koruznega ličja.
d) Tamales kuhajte na pari 45-60 minut.

76.Banana in Nutella Tamales

SESTAVINE:
- 2 skodelici masa harina
- 1 skodelica mleka
- 1/2 skodelice sladkorja
- 2 zreli banani, pretlačeni
- 1/4 skodelice Nutelle
- 1/2 skodelice sesekljanih oreščkov (orehi ali mandlji)
- 1 čajna žlička vanilijevega ekstrakta
- Ščepec soli
- Koruzni olupki, namočeni v vodi

NAVODILA:
a) Maso harino zmešajte z mlekom, dokler ne nastane testo.
b) Dodamo sladkor, pretlačene banane, Nutello, sesekljane oreščke, vanilijev ekstrakt in sol. Dobro premešaj.
c) Vzamemo namočen koruzni ličnjak , namažemo maso, prepognemo in zavežemo s trakom koruznega ličja.
d) Tamales kuhajte na pari 45-60 minut.

77. Česnja-mandelj Tamales

SESTAVINE:
- 2 skodelici masa harina
- 1 skodelica mandljevega mleka
- 1/2 skodelice sladkorja
- 1 skodelica svežih češenj, izkoščičenih in narezanih
- 1/2 skodelice sesekljanih mandljev
- 1 čajna žlička mandljevega ekstrakta
- Ščepec soli
- Koruzni olupki, namočeni v vodi

NAVODILA:
a) Zmešajte maso harino z mandljevim mlekom, dokler ne nastane testo.
b) Dodamo sladkor, narezane češnje, narezane mandlje, mandljev ekstrakt in sol. Dobro premešaj.
c) Vzamemo namočen koruzni ličnjak, namažemo maso, prepognemo in zavežemo s trakom koruznega ličja.
d) Tamales kuhajte na pari 45-60 minut.

78.Bučna začimba tamales

SESTAVINE:
- 2 skodelici masa harina
- 1 skodelica bučnega pireja
- 1/2 skodelice rjavega sladkorja
- 1 čajna žlička cimeta
- 1/2 čajne žličke muškatnega oreščka
- 1/4 čajne žličke nageljnovih žbic
- 1/2 skodelice sesekljanih pekanov
- Ščepec soli
- Koruzni olupki, namočeni v vodi

NAVODILA:
a) harino zmešajte z bučnim pirejem, dokler ne nastane testo.
b) Dodajte rjavi sladkor, cimet, muškatni oreščk, nageljnove žbice, sesekljane orehe in sol. Dobro premešaj.
c) Vzamemo namočen koruzni ličnjak , namažemo maso, prepognemo in zavežemo s trakom koruznega ličja.
d) Tamales kuhajte na pari 45-60 minut.

79.Kokos in limetin tamales

SESTAVINE:
- 2 skodelici masa harina
- 1 skodelica kokosovega mleka
- 1/2 skodelice sladkorja
- Lupina 2 limet
- 2 žlici limetinega soka
- 1/2 skodelice naribanega kokosa
- Ščepec soli
- Koruzni olupki, namočeni v vodi

NAVODILA:
a) Zmešajte maso harino s kokosovim mlekom, dokler ne nastane testo.
b) Dodajte sladkor, limetino lupinico, limetin sok , nastrgan kokos in sol. Dobro premešaj.
c) Vzamemo namočen koruzni ličnjak , namažemo maso, prepognemo in zavežemo s trakom koruznega ličja.
d) Tamales kuhajte na pari 45-60 minut.

80. Borovničev in limonin tamales

SESTAVINE:
- 2 skodelici masa harina
- 1 skodelica pinjenca
- 1/2 skodelice sladkorja
- 1 skodelica svežih borovnic
- Lupina 1 limone
- 2 žlici limoninega soka
- Ščepec soli
- Koruzni olupki, namočeni v vodi

NAVODILA:
a) Maso harino mešajte s pinjencem, dokler ne nastane testo.
b) Dodamo sladkor, borovnice, limonino lupinico, limonin sok in sol. Dobro premešaj.
c) Vzamemo namočen koruzni ličnjak , namažemo maso, prepognemo in zavežemo s trakom koruznega ličja.
d) Tamales kuhajte na pari 45-60 minut.

MORSKI TAMALES

81. Tamales s kozicami in koruzo

SESTAVINE:
- 2 skodelici masa harina
- 1 skodelica piščančje ali zelenjavne juhe
- 1/2 skodelice nesoljenega masla, zmehčanega
- 1 skodelica kuhanih kozic, sesekljanih
- 1 skodelica koruznih zrn
- 1/4 skodelice sesekljanega svežega cilantra
- 1 čajna žlička kumine
- Sol in poper po okusu
- Koruzni ličji za zavijanje

NAVODILA:
a) harino zmešamo z juho in zmehčanim maslom, da oblikujemo testo.
b) Dodajte kuhane kozice, koruzo, koriander, kumino, sol in poper.
c) Zmes namažemo na koruzne lupine in zložimo v tamale.
d) Kuhajte na pari 1-1,5 ure.

82.Jastog in avokado Tamales

SESTAVINE:
- 2 skodelici masa harina
- 1 skodelica ribje ali zelenjavne juhe
- 1/2 skodelice nesoljenega masla, zmehčanega
- 1 skodelica kuhanega jastogovega mesa, sesekljanega
- 1/2 skodelice narezanega avokada
- 1/4 skodelice sesekljanega svežega peteršilja
- 1 čajna žlička limetine lupinice
- Sol in kajenski poper po okusu
- Koruzni ličji za zavijanje

NAVODILA:
a) harino zmešamo z juho in zmehčanim maslom, da oblikujemo testo.
b) Zložite kuhanega jastoga, na kocke narezan avokado, peteršilj, limetino lupinico, sol in kajenski poper.
c) Zmes namažemo na koruzne lupine in zložimo v tamale.
d) Kuhajte na pari 1-1,5 ure.

83. Rakovica in pečena rdeča paprika Tamales

SESTAVINE:
- 2 skodelici masa harina
- 1 skodelica ribje ali zelenjavne juhe
- 1/2 skodelice nesoljenega masla, zmehčanega
- 1 skodelica grudice rakovega mesa
- 1/2 skodelice pečene rdeče paprike, sesekljane
- 1/4 skodelice sesekljane zelene čebule
- 1 čajna žlička začimbe Old Bay
- Sol in črni poper po okusu
- Koruzni ličji za zavijanje

NAVODILA:
a) harino zmešamo z juho in zmehčanim maslom, da oblikujemo testo.
b) Zložite rakovo meso, pečeno rdečo papriko, zeleno čebulo, začimbo Old Bay, sol in črni poper.
c) Zmes namažemo na koruzne lupine in zložimo v tamale.
d) Kuhajte na pari 1-1,5 ure.

84.Tamales z lososom in koprom

SESTAVINE:
- 2 skodelici masa harina
- 1 skodelica ribje ali zelenjavne juhe
- 1/2 skodelice nesoljenega masla, zmehčanega
- 1 skodelica kuhanega lososa v kosmičih
- 1/4 skodelice sesekljanega svežega kopra
- 1/4 skodelice kaper, odcejenih
- 1 čajna žlička limonine lupinice
- Sol in beli poper po okusu
- Koruzni ličji za zavijanje

NAVODILA:
a) harino zmešamo z juho in zmehčanim maslom, da oblikujemo testo.
b) Dodajte kuhanega lososa, koper, kapre, limonino lupinico, sol in beli poper.
c) Zmes namažemo na koruzne lupine in zložimo v tamale.
d) Kuhajte na pari 1-1,5 ure.

85.Tilapija in mango Salsa Tamales

SESTAVINE:
- 2 skodelici masa harina
- 1 skodelica ribje ali zelenjavne juhe
- 1/2 skodelice nesoljenega masla, zmehčanega
- 1 skodelica kuhane tilapije v kosmičih
- 1/2 skodelice mangove salse
- 1/4 skodelice sesekljanega svežega cilantra
- 1 čajna žlička mlete kumine
- Sol in limetin sok po okusu
- Koruzni ličji za zavijanje

NAVODILA:
a)   harino zmešamo z juho in zmehčanim maslom, da oblikujemo testo.
b)   Dodajte kuhano tilapijo, mangovo salso, koriander, kumino, sol in limetin sok .
c)   Zmes namažemo na koruzne lupine in zložimo v tamale.
d)   Kuhajte na pari 1-1,5 ure.

86. Tamales iz pokrovače in koruzne juhe

SESTAVINE:
- 2 skodelici masa harina
- 1 skodelica ribje ali zelenjavne juhe
- 1/2 skodelice nesoljenega masla, zmehčanega
- 1 skodelica lovorjevih pokrovač, sesekljanih
- 1 skodelica koruzne juhe (domače ali kupljene v trgovini)
- 1/4 skodelice sesekljane zelene čebule
- 1 čajna žlička začimbe Old Bay
- Sol in črni poper po okusu
- Koruzni ličji za zavijanje

NAVODILA:
a) harino zmešamo z juho in zmehčanim maslom, da oblikujemo testo.
b) Dodajte nasekljane lovorjeve pokrovače, koruzno juho, zeleno čebulo, začimbe Old Bay, sol in črni poper.
c) Zmes namažemo na koruzne lupine in zložimo v tamale.
d) Kuhajte na pari 1-1,5 ure.

87. Školjke v belem vinu Tamales

SESTAVINE:
- 2 skodelici masa harina
- 1 skodelica ribje ali zelenjavne juhe
- 1/2 skodelice nesoljenega masla, zmehčanega
- 1 skodelica kuhanih školjk, odstranjenih iz lupin
- 1/2 skodelice belega vina
- 1/4 skodelice sesekljanega svežega peteršilja
- 1 čajna žlička limonine lupinice
- Sol in beli poper po okusu
- Koruzni ličji za zavijanje

NAVODILA:
a)   harino zmešamo z juho in zmehčanim maslom, da oblikujemo testo.
b)   Dodamo kuhane školjke, belo vino, peteršilj, limonino lupinico, sol in beli poper.
c)   Zmes namažemo na koruzne lupine in zložimo v tamale.
d)   Kuhajte na pari 1-1,5 ure.

88.Tuna in avokado Tamales

SESTAVINE:
- 2 skodelici masa harina
- 1 skodelica ribje ali zelenjavne juhe
- 1/2 skodelice nesoljenega masla, zmehčanega
- 1 skodelica kuhane tune v kosmičih
- 1/2 skodelice narezanega avokada
- 1/4 skodelice sesekljanega svežega cilantra
- 1 čajna žlička kumine
- Sol in limetin sok po okusu
- Koruzni ličji za zavijanje

NAVODILA:
a)   harino zmešamo z juho in zmehčanim maslom, da oblikujemo testo.
b)   Dodajte kuhano tuno, na kocke narezan avokado, koriander, kumino, sol in limetin sok .
c)   Zmes namažemo na koruzne lupine in zložimo v tamale.
d)   Kuhajte na pari 1-1,5 ure.

89. Tamales iz rakov in špinače

SESTAVINE:
- 2 skodelici masa harina
- 1 skodelica ribje ali zelenjavne juhe
- 1/2 skodelice nesoljenega masla, zmehčanega
- 1 skodelica grudice rakovega mesa
- 1 skodelica sveže narezane špinače
- 1/4 skodelice sesekljane zelene čebule
- 1 čajna žlička začimbe Old Bay
- Sol in črni poper po okusu
- Koruzni ličji za zavijanje

NAVODILA:
a) harino zmešamo z juho in zmehčanim maslom, da oblikujemo testo.
b) Zložite rakovo meso , sesekljano špinačo, zeleno čebulo, začimbo Old Bay, sol in črni poper.
c) Zmes namažemo na koruzne lupine in zložimo v tamale.
d) Kuhajte na pari 1-1,5 ure.

90. Tamales iz kamnitih kozic s kremo iz štirih paprik

SESTAVINE:
ZA TAMALES:
- 8 velikih posušenih koruznih lusk

MASA TESTO:
- 1/4 skodelice nesoljenega masla, zmehčanega
- 2 skodelici Masa Harina
- 1 čajna žlička pecilnega praška
- 1 čajna žlička soli
- 1 žlica mletega Chipotle In Adobo
- 1/4 skodelice olja kanole
- 1 skodelica vročega piščanca ali školjk

ZA POLNILO:
- 2 rezini slanine, narezane na drobne kocke
- 2 žlici rdeče paprike, mlete
- 2 žlici zelene paprike, mlete
- 2 žlici rumene paprike, mlete
- 2 žlici rdeče čebule, mlete
- 1 čajna žlička česna, mletega
- 1/2 skodelice piščančje ali školjkaste juhe
- 1/2 čajne žličke omake Adobo iz pločevink Chipotles zgoraj
- 8 unč grobo narezanih kozic
- 1 žlica sesekljanega svežega cilantra

KREMA S ŠTIRIMI PAPRIKAMI:
- 1 žlica olivnega olja
- 3/4 skodelice mlete šalotke
- 2 čajni žlički semen in narezanega čilija Serrano
- 1 skodelica suhega belega vina
- 2 1/2 skodelice bogate kozice ali piščančje juhe
- 3/4 skodelice težke smetane
- 2 žlici drobno narezane rdeče paprike
- 2 žlici drobno narezane rumene paprike
- 2 žlici drobno narezane zelene paprike
- Košer sol in sveže mlet beli poper
- Kapljice svežega limoninega ali limetinega soka

OKRAS:
- Cilantro vejice
- Na kocke narezana paprika

NAVODILA:
NAREDITE MASA TESTO:
a) V električnem mešalniku ali ročno stepite maslo, da postane svetlo in puhasto.
b) Dodamo maso harino , pecilni prašek, sol in čipotle. Mešajte, dokler ni dobro premešano .
c) Pri delujočem mešalniku počasi dodajte olje oljne repice in vročo osnovo. Nadaljujte z mešanjem, dokler ne nastane mehko testo.
NAREDITE NADEV:
d) V ponvi pokuhamo slanino, da postekleni. Dodajte papriko, čebulo in česen ; pražite, dokler se ne zmehča.
e) Dodajte osnovo, kozice in adobo omako. Kuhajte, dokler se kozice komaj skuhajo . Precedite, trdne snovi odstavite in zmanjšajte količino tekočine do sirupa. Dodajte v mešanico kozic, vmešajte cilantro.
SESTAVITE TAMALE:
f) Koruzne olupke namočite v vodi. Lupine razporedite po suhi površini.
g) Kos mase v velikosti jajca potapkajte v 4-palčni kvadrat na vsako lupino, tako da pustite rob.
h) Na sredino testa po dolžini razporedimo žlico nadeva.
i) Zložite robove luščin, da objamejo maso in nadev. Zgornji in spodnji del luščine sploščite in konce prepognite, da jih objamete.
j) Kuhajte tamale na pari:
k) Tamales položite prepognjene s stranjo navzdol v soparnik nad vrelo vodo. Pokrito kuhajte na pari 45 minut.
NAREDITE KREMO IZ ŠTIRIH PAPRIK:
l) V ponvi segrejte olivno olje, prepražite šalotko in serano do mehkega.
m) Prilijemo vino in osnovo ter kuhamo , dokler se ne zmanjša za polovico . Dodajte smetano in nadaljujte z vretjem, dokler se zmes ne zreducira v konsistenco rahle omake.
n) Vmešamo na kocke narezano papriko, začinimo s soljo, poprom in kapljicami limoninega soka.
o) Luščine odpremo, tamale postavimo na topel krožnik. Smetano s štirimi paprikami nanesite na tamales, okrasite z vejicami korianderja in na kocke narezanimi paprikami.
p) Postrezite takoj.

91. Tamales sladke koruze in morske plošče

SESTAVINE:
- 2 velika sveža koruzna klasja, nedotaknjena olupka
- ½ čajne žličke (malo) soli
- 2 žlici drobno sesekljane rdeče paprike
- ½ skodelice pakiranega svežega cilantra, narezanega
- 1 funt en palec debeli file morske plošče
- 1 žlica rumene koruzne moke
- 1 čajna žlička sladkorja

NAVODILA:
a) Pečico segrejte na 375 stopinj. Pekač rahlo naoljite.
b) Koruzi previdno odstranimo lupine, prihranimo 4 največje.
c) Koruzno klasje položimo na delovno površino in odrežemo zrna. Koruzna zrna predelajte v kuhinjskem robotu, dokler niso grobo sesekljana (ne pretlačite v pire).
d) Dodajte koriander, koruzno moko, sladkor in sol ter obdelajte, da se združijo. Začinimo s poprom. Z žlico z režami prenesite koruzno mešanico v majhno skledo.
e) Vmešajte drobno sesekljano rdečo papriko.
f) Na pripravljen pekač razporedite 2 koruzna olupka. Čez vsako lupino na listu razporedite ¼ koruzne mešanice (ki se približno ujema z velikostjo filejev morske plošče).
g) Morsko ploščo na obeh straneh začinite s soljo in poprom. Postavite čez koruzno mešanico. Vsakega prelijte s še ¼ koruzne mešanice. Preostale lupine položite čez, da tesno pokrijejo. Oba tamala pokrijemo s folijo.
h) Pecite, dokler morska plošča ni kuhana, približno 20 minut.

PRAZNIČNI TAMALES

92. Božični rdeči čilski tamales

SESTAVINE:
- 2 skodelici masa harina
- 1 skodelica piščančje ali zelenjavne juhe
- 1 skodelica narezane kuhane govedine ali svinjine
- 1 skodelica rdeče čilijeve omake
- 1/2 skodelice narezanih črnih oliv
- 1/4 skodelice sesekljane zelene čebule
- Koruzni ličji za zavijanje

NAVODILA:
a) Maso harino zmešajte z juho, da dobite testo.
b) Združite z naribanim mesom, rdečo čili omako, olivami in zeleno čebulo.
c) Zmes namažemo na koruzne lupine in zložimo v tamale.
d) Kuhajte na pari 1-1,5 ure.

93. Zahvalni bučni tamales

SESTAVINE:
- 2 skodelici masa harina
- 1 skodelica bučnega pireja
- 1/2 skodelice sladkorja
- 1 skodelica kuhanega purana, narezanega
- 1/2 skodelice brusnične omake
- 1 čajna žlička bučne začimbe
- Koruzni ličji za zavijanje

NAVODILA:
a) harino zmešamo z bučnim pirejem in sladkorjem, da naredimo testo.
b) Združite z naribanim puranom, brusnično omako in bučnimi začimbami.
c) Zmes namažemo na koruzne lupine in zložimo v tamale.
d) Kuhajte na pari 1 uro.

94. Velikonočni sladki tamales

SESTAVINE:
- 2 skodelici masa harina
- 1 skodelica kokosovega mleka
- 1/2 skodelice sladkorja
- 1 skodelica mešanega suhega sadja (marelice, rozine, fige)
- 1/2 skodelice sesekljanih oreščkov (mandlji, orehi)
- 1 čajna žlička vanilijevega ekstrakta
- Bananini listi za zavijanje

NAVODILA:
a) harino zmešajte s kokosovim mlekom in sladkorjem, da naredite testo.
b) Kombinirajte s suhim sadjem, oreščki in ekstraktom vanilije.
c) Mešanico namažite na bananine liste in zložite v tamale.
d) Kuhajte na pari 1 uro.

95. Silvestrski šampanjec Tamales

SESTAVINE:
- 2 skodelici masa harina
- 1 skodelica šampanjca ali penečega vina
- 1/2 skodelice sladkorja
- 1 skodelica kuhanega piščanca, narezanega
- 1/2 skodelice kremnega sira
- 1/4 skodelice sesekljanega svežega drobnjaka
- Koruzni ličji za zavijanje

NAVODILA:
a) harino zmešajte s šampanjcem in sladkorjem, da naredite testo.
b) Združite z naribanim piščancem, kremnim sirom in drobnjakom.
c) Zmes namažemo na koruzne lupine in zložimo v tamale.
d) Kuhajte na pari 1-1,5 ure.

96. Hanuka krompir in čebulni tamales

SESTAVINE:
- 2 skodelici masa harina
- 1 skodelica zelenjavne juhe
- 1 skodelica pire krompirja
- 1/2 skodelice karamelizirane čebule
- 1/4 skodelice sesekljanega svežega kopra
- Sol in poper po okusu
- Koruzni ličji za zavijanje

NAVODILA:
a) harino zmešajte z zelenjavno juho, da dobite testo.
b) Zmešajte s pire krompirjem, karamelizirano čebulo, koprom, soljo in poprom.
c) Zmes namažemo na koruzne lupine in zložimo v tamale.
d) Kuhajte na pari 1 uro.

97. Valentinovo jagodno-čokoladni tamales

SESTAVINE:
- 2 skodelici masa harina
- 1 skodelica jagodnega pireja
- 1/2 skodelice sladkorja
- 1/2 skodelice čokoladnih koščkov
- 1 čajna žlička vanilijevega ekstrakta
- Koruzni ličji za zavijanje

NAVODILA:
a) harino zmešamo z jagodnim pirejem in sladkorjem, da naredimo testo.
b) Dodamo čokoladne koščke in vanilijev ekstrakt.
c) Zmes namažemo na koruzne lupine in zložimo v tamale.
d) Kuhajte na pari 1 uro.

98.Četrti julij BBQ Jackfruit Tamales

SESTAVINE:
- 2 skodelici masa harina
- 1 skodelica zelenjavne juhe
- 1 skodelica naribanega mladega kruhovca (kuhanega v omaki za žar)
- 1/2 skodelice koruznih zrn
- 1/4 skodelice sesekljanega cilantra
- Koruzni ličji za zavijanje

NAVODILA:
a) harino zmešajte z zelenjavno juho, da dobite testo.
b) Zmešajte z naribanim kruhovcem, koruznimi zrni in cilantrom.
c) Zmes namažemo na koruzne lupine in zložimo v tamale.
d) Kuhajte na pari 1-1,5 ure.

99. Buča za noč čarovnic in tamales iz črnega fižola

SESTAVINE:
- 2 skodelici masa harina
- 1 skodelica bučnega pireja
- 1 skodelica črnega fižola, kuhanega
- 1/2 skodelice naribanega cheddar sira
- 1 čajna žlička mlete kumine
- Koruzni ličji za zavijanje

NAVODILA:
a) harino zmešamo z bučnim pirejem, da dobimo testo.
b) Zložite črni fižol, nariban sir in kumino.
c) Zmes namažemo na koruzne lupine in zložimo v tamale.
d) Kuhajte na pari 1 uro.

100.Cinco de Mayo Margarita Tamales

SESTAVINE:
- 2 skodelici masa harina
- 1 skodelica mešanice margarite (brez alkohola)
- 1/2 skodelice sladkorja
- Lupina in sok 2 limet
- 1/4 skodelice sesekljane sveže mete
- Koruzni ličji za zavijanje

NAVODILA:
a) Zmešajte maso harino z mešanico margarite in sladkorjem, da oblikujete testo.
b) Dodamo limetino lupinico, limetin sok in sesekljano meto.
c) Zmes namažemo na koruzne lupine in zložimo v tamale.
d) Kuhajte na pari 1 uro.

ZAKLJUČEK

Ko zaključujemo naše raziskovanje " ČAROBNI ČAS: ULTIMATNA KUHARSKA KNJIGA TAMALE" se iskreno zahvaljujemo, ker ste se nam pridružili na tej kulinarični odisejadi skozi bogat in raznolik svet mehiškega izdelovanja tamaleja. Upamo, da je teh 100 receptov vzbudilo strast do izdelave, polnjenja in okušanja teh priljubljenih dobrot iz koruznega lupina v vaši kuhinji.

Ta kuharska knjiga je več kot le vodnik ; to je poklon cenjeni tradiciji izdelave tamale in kulturnemu pomenu, ki ga nosi vsak grižljaj. Medtem ko uživate v zadnjih grižljajih vaših tamale kreacij, vas spodbujamo, da še naprej sprejemate čarobnost mase, eksperimentirate z nadevi in delite veselje teh prijetnih kreacij s prijatelji in družino.

Naj bo "ČAROBNI ČAS" vir navdiha za vaše kulinarične podvige, spodbujanje globljega spoštovanja do umetnosti in okusov, zaradi katerih je priprava mehiškega tamaleja resnično čarobna. Hvala, ker ste nam dovolili biti del vaše poti. Dokler se naše poti spet ne prekrižajo v svetu slastnih odkritij, veselo tamale!

www.ingramcontent.com/pod-product-compliance
Lightning Source LLC
Chambersburg PA
CBHW071317110526
44591CB00010B/921